数学化

思想视角下的教学再设计

SHUXUEHUA SIXIANG SHIJIAO XIA DE
JIAOXUE ZAI SHEJI

蔡　虹◎著

暨南大學出版社
JINAN UNIVERSITY PRESS

中国·广州

图书在版编目（CIP）数据

数学化思想视角下的教学再设计/蔡虹著．—广州：暨南大学出版社，2018.12
ISBN 978 - 7 - 5668 - 2484 - 4

Ⅰ．①数…　Ⅱ．①蔡…　Ⅲ．①小学数学课—教学设计
Ⅳ．①G623.502

中国版本图书馆 CIP 数据核字（2018）第 267862 号

数学化思想视角下的教学再设计
SHUXUEHUA SIXIANG SHIJIAO XIA DE JIAOXUE ZAISHEJI
著　者：蔡　虹
··

出 版 人：徐义雄
策划编辑：杜小陆
责任编辑：杜小陆　陈　梦
责任校对：陈俞潼　吴　庆
责任印制：汤慧君　周一丹

出版发行：暨南大学出版社（510630）
电　　话：总编室（8620）85221601
　　　　　营销部（8620）85225284　85228291　85228292（邮购）
传　　真：（8620）85221583（办公室）　85223774（营销部）
网　　址：http：//www.jnupress.com
排　　版：广州良弓广告有限公司
印　　刷：广州市穗彩印务有限公司
开　　本：850mm×1168mm　1/32
印　　张：7.625
字　　数：220 千
版　　次：2018 年 12 月第 1 版
印　　次：2018 年 12 月第 1 次
定　　价：36.00 元

序

近年来出版的基础教育数学论著百花齐放，大致有数学教学思想和教学案例、数学学科课程与教学方法、数学学科课堂教学与教学模式、数学教学评价与案例、学生数学学习心理和素养培养、数学教育史和数学文化、数学教师教学技能和专业发展、数学教学研究与方法等。蔡虹老师作为广州市越秀区教师进修学校（越秀区教育发展中心）培训部部长、数学教研员，不仅有多年的一线教学经验，还长期从事教师培训和数学教学研究工作。她的专著《数学化思想视角下的教学再设计》即为蔡老师在学习、教学、培训等多元研究工作经历中生成的数学化思想的理论研究和实践应用的心血结晶。近三十年的耕耘，终成硕果，很好地体现了广东教师在"学思行著"等方面励精图治、砥砺奋进的成长轨迹，令人欣喜！

《数学化思想视角下的教学再设计》整本书文体严谨，主线清晰，结构合理，观点新颖，案例得当，是具有含金量的理论和实践指向的小学数学教学专著。它给予我深刻印象的主要有：

1. 构建自成一体的数学化教学应用框架，凸显时代性和可操作性

蔡老师和她的研究团队在弗赖登塔尔关于数学化思想的理论研究基础上，认真学习和准确领会《义务教育数学课程标准（2011 年版）》的精髓，以小学数学课堂教学实践为载体，从理论和实践两个层面开展卓有成效的研究；紧扣"概念理解""技能习得"和"问题解决"三个小学数学教学的关键领域，从感悟数学化思想、展开数学化思考、预设数学化活动、筛选数学化

策略，到开展相关的单元及典型课例教学再设计研究，最终生成了具有自身特点的、相对完善的数学化教学应用框架。此框架缘自广州市中心城区的区域教学研究，并在一线课堂教学实践中得以逐步修改完善，点面结合，相得益彰，符合现代教育理念，具有较强的时代性和可操作性。

2. 践行自创优效的数学化教学样式，落实核心知识和关键能力

与常见的小学一线教学实践成果不同，此专著注重理论研究。不仅从教师的角度出发，还基于学生发展需求，在数学教学关键领域探索课堂教学的变革，推陈出新，创造性设计并生成了分别与"概念理解""技能习得"和"问题解决"三个关键领域相对应的六种教学样式："爬梯式"（"概念的形成"教学样式）、"导图式"（"概念的同化"教学样式）、"支架式"（"操作性技能习得"教学样式）、"螺旋式"（"心智性技能习得"教学样式）、"抛锚式"（"纯数学问题解决"教学样式）、"驱动式"（"现实问题解决"教学样式）。通过进一步的课堂教学实践，研究团队印证了这六种教学样式在引领教师围绕核心知识展开深度教学活动、引导学生主动经历数学学习活动，以及拓宽认知体验、积累数学化活动经验、发展学生的数学学科关键能力等过程中显现的优质高效。这六个教学样式符合现代认知学习理论，具有丰富的理论内涵和实践价值，此项成果相信可为一线教师实现小学数学教学的提质增效提供有价值的借鉴和启发。

3. 分享丰实多型的数学化教学资源，发展教师素质和专业能力

同样令人眼前一亮的自然就是此专著中收录的丰富且多课型的单元课例和案例，这些丰实多型的数学化教学资源是由蔡虹老师及其研究团队通过多年开展课型教学再设计研究及课例实践应

用，逐渐积累整理而成。因为植根于一线课堂，课例及案例可信、可学、可操作。已开发的课例和案例优质资源既有来自开课、结课、核心知识教学情境的再设计，又有由"概念理解""技能习得"和"问题解决"教学方式再设计生成，或者通过"选择教学内容""筛选教学方法""指导学生学习"等教学过程再设计生成，以及在越秀区众多小学数学教师日常教学或区域教研活动中产生。这些数学化优质资源的设计、制作、应用、分享的过程，体现了教师的成长缩影，充分印证了教师的基本素质和专业能力的提升和发展。

本书的付印，体现了蔡虹老师站在教育教学研究的前沿，朝着专家型教师方向不懈努力并在成功之路上不断开拓进取。

是为序。

广东省教育研究院
2018 年 4 月于广州

目　录

第一章　数学化思想

"数学化"并非由某个人独创，也并没有具体化的概念。现在对数学化的解释是：从数学的角度去认识、了解世界，分析和研究具体事物和现象的一种过程。如古代的结绳记事，现代的测量、绘画等过程，都是数学化。可见，数学化的出现带动了数学的产生与发展，而数学的发展进步促进了整个数学化的进程。两者之间是一种辩证关系，数学与数学化是相互影响、相互作用的。

第一节　数学化思想的理论构建

一、数学化思想的溯源

从 15 世纪开始，数学的重要性逐渐得到了科学家们的重视，数学化思想成为 15 世纪到 17 世纪时期的一股强劲潮流。哥白尼和开普勒是这股潮流的开路先锋，他们注重数学理论的优越性，且将数学应用到天文学和力学的研究中。真正系统、全面的自然科学的数学化是从伽利略时代开始的，牛顿是其集大成者，莱布尼茨则不仅将数学应用于自然科学的研究，而且应用于社会科学的研究。

（一）应用于自然科学的数学化思想

近代科学的奠基人之一伽利略（Galileo Galilei，1564—1642）将数学方法与实验结合在一起，定量地分析了自然现象和自然规律，认为宇宙是按照数学规律建立起来的，只有用数学的语言才能书写完成宇宙这部巨著。

与伽利略同时代的笛卡尔（René Descartes，1596—1650）也是数学化思想的主要代表，他认为宇宙是由数学设计而成的机器，而

1

且数学是科学的本质。笛卡尔宣称："既不承认也不希望物理学中有任何原理不同于几何学和抽象数学中的原理，因为后者能解释一切自然现象，并且能对其中一些现象给出证明。"①

数学化思想的集大成者牛顿（Isaac Newton，1643—1727）十分重视数学的方法。在其力学体系中，他系统地引进数学方法，极大地堆进了自己的研究，并写出了科学史上不朽名著——《自然哲学的数学原理》。通过他和莱布尼茨对微积分的发明，数学化的进程被推进到算术化、形式化和符号化。

（二）应用于社会科学的数学化思想

莱布尼茨（Gottfried Wilhelm Leibniz，1646—1716）是近代数学化思想的登峰造极者。他在1675—1676年间发明了"无穷小算法"（即微积分），并于1714年将自己思想的发展过程记载在《微积分的历史和起源》（Historia et Origo Calculi Differentialis）一文中。对于数学的性质，莱布尼茨是在其哲学论述中涉及的。他认为，数学（主要是算术和几何学）是一种真理，它是以一种潜在的方式存在于我们的心中，是具有天赋性的学科。

莱布尼茨不仅从哲学视角对数学的本性进行了解读，还重视数学方法和符号的普遍效力，并将其应用于逻辑问题的研究，由此形成了自己独特的数学化思想。莱布尼茨的数学化思想是以数学为基础并超越数学方法，是一种形式化、模式化、严谨的思维方式。②

二、数学化思想的构建

汉斯·弗赖登塔尔（Hans Freudenthal，1905—1990）是荷兰著名数学家、数学教育家，是公认享有国际盛名的数学教育权威。作

---

① 莫里斯·克莱因. 古今数学思想：第一册［M］. 张理京，等译. 上海：上海科学技术出版社，2014.
② 王琦. 莱布尼茨的语言数学化思想［J］. 自然辩证法研究，2016（6）：106–111.

为一名数学家，他的主要研究领域是拓扑学和李代数，同时也涉及其他数学分支及哲学和科学史领域。作为一名数学教育家，他非常关注教育问题，很早就把学习和教学作为自己思考和研究的对象。在随后长期的数学教育研究实践中，逐步形成了适应儿童心理发展、符合教育规律、经得起实践检验并具有自己独特风格的数学教育思想体系。他的这一体系，不仅在很大程度上改变了荷兰数学教育的面貌，也通过世界范围内的相互交流，极大地推动了国际数学教育研究的发展，尤其是他的"数学化"和"再创造"思想对各国中小学数学教育的改革产生了巨大的推动力。

弗赖登塔尔从 20 世纪 50 年代后期开始研究数学教育，一生关于数学教育的著作与论文共有 140 余篇（部）。其数学教育思想主要体现于《作为教育任务的数学》《数学教育再探——在中国的讲学》两部著作中。

（一）"数学化"的定义

数学化这个术语首先出现于非正式谈话和讨论中，然后才出现在著作与文献当中，因此不能考证是谁的首创。类似的术语还有公理化、形式化、图式化等。数学作为一种活动，其主要特征就是数学化，也即用数学方法把实际材料组织起来。数学的发展过程就是将现实世界不断数学化，而现实世界是不断发展的，因此数学化也就随之变化、拓展、深入。无论是从计数的产生开始，形成运算法则，进行数系的扩充，进而发展出变数，还是几何学从图形绘画开始，发展出欧式几何，进而产生后来的非欧式几何，整个数学体系都是在随着不断发展数学化形成的。

弗赖登塔尔把"数学化"作为数学教学的基本原则之一。何为"数学化"？弗翁指出："笼统地讲，人们在观察现实世界时，运用数学方法研究各种具体现象，并加以整理和组织的过程，我称之为数学化。"① 并指出："……没有数学化就没有数学，没有公理化就没有公理系统，没有形式化也就没有形式体系。……因此数学教学必须通过数学化来进行。"②

具体而言，弗赖登塔尔的观点是学习数学化和学习数学同样重要。数学化就是学习数学的目的，将变化多端的世界事物，通过整理总结，归化为有数学意义的符号与图形，从而对量化的世界进行数学计算，得出我们想要的结果，这就是数学化。因不同个体对数学现实世界持有不同理解，可将数学化分为不同层次。这种数学化对现实世界进行抽象与形式的加工，再应用于现实世界，产生新的数学概念，推动数学科学不断发展。

弗赖登塔尔的"数学化"一直被作为一种优秀的教育思想影响着数学教育界人士的思维方式与行为方式，对全世界的数学教育都产生了极其深刻的影响。

（二）"数学化"的分类——横向与纵向的数学化

1978 年，特莱弗斯（Treffers）在他的论文中提出了并不严格的数学化分类，他们将数学化分为横向、纵向这两种类型。③ 弗赖登塔尔强调数学化的对象分为两类：一类是现实客观事物，另一类是数学本身，以此为依据，在他们的基础上对这一分类进行了进一步发展。弗赖登塔尔指出，横向数学化是指运用数学的方式阐述现实问题，即实现从现实问题或情境问题向数学问题转化的过程。纵向数学化是指通过相关数学工具的使用，实现材料的进一步处理过程，即对已经符号化的问题做进一步抽象化处理的过程，是实现符

---

① 曹一鸣. 数学教学中的"生活化"与"数学化"［J］. 中国教育学刊，2006（2）：46－48.

② 刘静，杨新鹏. 谈数学教学中的"数学化"［J］. 聊城大学学报（自然科学版），2005（2）.

③ 弗赖登塔尔. 数学教育再探：在中国的讲学［M］. 刘意竹，杨刚，等译. 上海：上海教育出版社，1999：57.

号到概念转化的过程。①

展开来说，横向数学化指对客观世界进行数学化，它把生活世界符号化，也就是将现实中蕴含的数学知识抽象出来形成数学符号、概念、图式。比如，由"原来有 2 只羊，后来又来了 3 只羊，一共有多少只羊"这个问题抽象出"$2 + 3 = ?$"这个算式的过程就是横向的数学化，是同一个问题在现实与数学世界的不同体现。

数学化不仅仅是将现实世界抽象成数学知识，还需要将这些数学知识进行组织。随着现实世界的不断发展与数学知识的不断增加，需要不断更新数学的组织方式。这个在数学内部进行符号的生成、重塑、重组的过程就是纵向的数学化。例如，人们认识到"$5 + 5 + 5 + 5 + 5 = ?$"这个问题可以转化为"$5 \times 5 = ?$"时，就生成了乘法运算，将数学向深处发展，进行了纵向的数学化。概括而言，纵向数学化是指横向数学化后，将数学问题转化为抽象的数学概念与数学方法，以形成公理体系与形式体系，使数学知识体系更系统、更完美。

（三）"数学化"的重要原则

1. "有指导的再创造"原则

再创造是将数学作为一种活动来看待，即将让学生学习的数学知识通过现实情境再次"创造"出来的一种教学方法。弗赖登塔尔认为，不应该将教的内容以现成的知识强加给学生，学习的过程应该有直接创造的侧面，即是学生主观层面的创造，通过再创造获得的知识更容易理解也更易保持。在教授数学知识时，至少应该让学生参与基本的分析，以便让学生知道这些分析的砖块究竟在建造什么样的大厦。②

"有指导的再创造"原则：再创造不是意味着仅仅由学生自己

---

① 唐瑞芬. 数学教学理论选讲［M］. 上海：华东师范大学出版社，2001：26.
② 弗赖登塔尔. 作为教育任务的数学［M］. 陈昌平，唐瑞芬，译. 上海：上海教育出版社，1995：110.

完成整个学习过程，而是应该由学生发现自己的标准，经过一定的指导探索能达到这个标准的道路。由于每个学生的实际情况都不尽相同，所以这个标准与指导的程度都应视情况而定。教师应该在学生再创造过程中给予恰当的指导，使学生既能满足创造的乐趣，又能达到教学的要求。

2. "学生为主体的反思"原则

弗赖登塔尔认为，"从别人那里反射自己，就像白天和黑夜，自己反射自己，也就是反省或反思"①。反思思维是数学创造的强有力动力。反思的内容有很多，包括自己曾经做过的、想象过的、思考过的，或者是正在做的、正在思考的、正在感受到的等。对于学生来说，在数学学习中的反思活动比正常的思考更难以主动进行。而作为教师，不仅要对课堂情况、教学行为等进行个人反思，更重要的是引导学生进行反思。

"学生为主体的反思"原则：①弗赖登塔尔认为，一个人内心的反思是被别人内心的反思激发的，并且模仿同样始于反思，是自身的行为在他人身上的反映。表现在数学教育中就是学生的反思行为需要由教师的反思行为来带动，从而发展到学生自己能独立进行反思，这个过程无疑需要长时间发展。②学会反思的先决条件是学会观察，首先是观察别人，然后才是观察自己。因此，在教学生反思之前，要让学生学会观察。学生应学会自觉地进行观察并反思，使所学的知识不断得到加强，使新学习的知识与已学习的知识建立更多的联系，最终建立整个知识体系，这样的学习过程才是成功的。

3. "渐进式的数学现实结构"原则

弗赖登塔尔研究的基本观点认为数学依据现实需要而产生，随着现实而发展，最终回归现实。弗赖登塔尔还指出："学习过程是由各种层次构成的，用低层次的方法组织的活动就成了高层次的分

---

① 弗赖登塔尔. 数学教育再探：在中国的讲学［M］. 刘意竹，杨刚，等译. 上海：上海教育出版社，1999：142.

析对象；低层次的运算内容又成为高层次的题材。"[1] 因此，数学化作为一种学习过程，表现出具有渐进式的数学现实结构。首先，学生活动应该从情境层次（Situation Level）开始。这个层次跟问题情境是息息相关的，它针对某一专题范畴，促使脉络化知识及策略能够在情境中运用；第二层次是指涉层次（Referential Level），这个层次涉及利用具体数学模型去代表特定的数学对象，所用到的数学模型和策略必须指涉问题所衍生的情境；第三层次是普遍层次（General Level），这是一种过渡性层次，主要是使用去脉络化的、具普遍性的数学模型去分析蕴含的关系，重点是范式化地解决问题程序而不是问题情境；第四个层次，也是最高的形式层次（Formal Level），这个层次容许学习者进行纯粹的思维、反思及欣赏活动。[2]

"渐进式的数学现实结构"原则：①数学化应该从一种原始的现实开始，原始的现实产生了问题的许多不同答案，这些问题和答案都是再创造的对象。除了需要考虑知识来源的"原始的现实"外，在创造背景丰富的数学教学时还需要考虑到学习者所处的现实环境与脑中原有的知识——即每个人都有自己的数学现实，不同的人有着不同的数学现实。②数学化的过程伴随着学生理解层次的逐渐深化。从情境层次到指涉层次，再到普遍层次，最后到达形式层次；从非正式的、与问题情境相联系的结论的寻求，到对所得结论的系统化梳理，再到对隐藏在情境背后的一般性原理的深层理解，由此实现透过部分获得对整体的把握。

三、传统数学教育与弗赖登塔尔数学教育运用数学思想方法的比较

（一）传统数学教育中数学思想方法的运用

在传统数学教育过程中，往往简化了探寻过程，偏重现成思想

---

① 弗赖登塔尔. 作为教育任务的数学 [M]. 陈昌平，唐瑞芬，译. 上海：上海教育出版社，1995：115 – 116.

② 张国祥. 数学化与数学现实思想 [J]. 数学教育学报，2005（1）.

方法的应用。在传统数学课堂中，由于课时和进度等原因的限制，教学过程中往往不能把数学思想方法的探寻和发现过程交给学生自己经历，而是由教师直接把某种思想方法灌输给学生。

（二）弗赖登塔尔数学教育思想指导下的数学思想方法运用

弗赖登塔尔数学教育关注数学思想方法的探寻和生成过程，即注重引导学生"再创造"数学和逐步"数学化"的过程。注重从学生关注和喜欢的方面以及学生自己的现实出发，设计一个情境问题，激发学生主动思考和探究。关注学生的理解方式，尊重学生的思维过程和语言表述，给学生运转自己的思维进行反思的机会，同时也给学生把自己的想法表达出来的机会。为了实现"数学化"，合理设计教学内容，对教材的处理要依据教材并超越教材。这要求教师以教材为依托并对教材内容进行灵活的、更符合学生实际的再创造设计，按照学生的理解方式和认识规律来重新设计教学的内容和过程。弗赖登塔尔认为，学生学习数学是一种再创造的活动，教师设计教学也应该是一种再创造的活动。应尽量给学生充分发挥自己思维的空间和机会，让他们的思维总是处于运转和活动的状态，积极引导反思，为学生创造更多的机会，充分表达自己想法、描述自己的思维过程、获得现实数学的应用经验。

第二节　数学化思想的实践应用

伟大的教育家夸美纽斯（Comenius）有一句名言："教一个活动的最好方法是演示。"弗赖登塔尔在夸美纽斯理论的基础上进一步指出："学一个活动的最好方法是实践。"显然，弗赖登塔尔把夸美纽斯的教育理论将"教"转向"学"，将教师的行为转向学生的活动，将感觉效应转为运动效应，这无疑是对夸美纽斯教育理论的发展与创新。

"数学化"的成分主要包括形式化、公理化、模式化、图式化等，其中最常见的是形式化和公理化。"形式化"主要是对数学语言表达进行整理、修正和转化的过程;"公理化"主要是对数学内容结果进行重组。用弗赖登塔尔本人的话来说,即:与其说让学生学习公理体系,不如说让学生学习形式化;与其说让学生学习形式体系,不如说让学生学习公理化;总之,与其说让学生学习数学,不如说让学生学习数学化。也就是说需要通过数学化实现对数学的教与学,通过形式化实现对形式体系的教与学,通过公理化实现对公理体系的教与学。

一、"概念理解":指导学生开展"自由创造",实现数学知识再创造

数学化不仅是对数学知识的整理与应用,也是基于数学知识再创造的一种活动。教师从现实世界出发,依据学生现有的知识经验提出情境性问题或真实生活的情景问题,允许学生自己去寻找解决这些问题的方法和策略。问题的解决过程必然伴随着学生的"自由创造"以及情境的某些方面的"一般化",然后在教师的指导下,实现学生非形式的、经验的知识向着形式的、一般化的数学知识的自然跨越,从而产生出学生"自己"的结果——某些数学概念、运算法则、规律。①

(一)"概念理解"的数学化思考

"数学化思考"是有效的数学思考,它是用数学思维来组织和考虑问题,有利于培养学生应用数学的思想方法主动地发现和创造具有生命力的数学知识的能力。教师要从学生的学习经验出发培养其数学思考的能力,将数学化过程精心设置成活动,让学生带着疑问在活动中进行思考、实践、反思、验证,进行知识的再创造。这样才能让学生真正抓住数学思考的内在本质,使数学化思考得到

---

① 刘祥伟. 对弗赖登塔尔"数学化"的再认识 [J]. 重庆师范学院学报(自然科学版),2001(2):82 - 86.

升华。

　　根据数学化结构上的不同分类，数学化思考后也可得到不同的效果。横向数学化思考后能让学生得到简单的、本质的基本概念和运算法则、规律、定理等；纵向数学化思考后能让学生在此基础上进一步去揭示事物的本质，拓展原先的概念和理论去寻求更大范围内的统一，即对数学本身进行"数学化思考"。①

　　1. 横向的数学化思考

　　"横向的数学化思考"主要涉及现实问题与数学问题之间的"联结性"思考。

　　"横向的数学化思考"的培养过程需要强化"联结性"的数学思维，主要有以下两个方式：①注重识别和提炼概念知识核心所在。学生凭借"数学化思考"进行概念理解学习时，需要特别依靠与概念知识相关的生活活动经验，特别是概念理解时的思维起点、转折点、知识联接点、落脚点等关键处。重复多次、长此以往，能培养学生敏锐的洞察力。②重视探索概念知识的发生及发展过程。"数学化思考"作为教学中的过程性目标，比"数学思考"更注重过程性，特别是概念知识的形成过程与发展过程。学生进行"数学化思考"时需借助原有的生活活动经验，从数学概念的发生及发展过程进行问题分析，完成概念的学习与理解过程，因此"数学化思考"能增强学生对知识发生及发展过程的重视程度，而非仅仅是死记硬背数学概念。

　　2. 纵向的数学化思考

　　"纵向的数学化思考"更注重数学本身的逻辑联系，重点涉及对已经符号化的数学问题作进一步的深层次分析，以得到更深、更广且可靠的数学知识。

　　"纵向的数学化思考"的培养过程需要借助数学推理，最重要的两个方法是归纳推理和演绎推理。归纳推理是通过观察和分析特

---

　　① 田果萍，张生平，赵霞. 数学化：新课标理念下学生数学学习方式的本质 [J]. 教学实践与研究（B），2009（10）：53–55.

殊情形，再总结出一般性的结论，有助于培养学生的猜想假设能力以及总结归纳能力；演绎推理则是通过一般性的结论推导出某些特殊情形的性质，更有助于培养学生的逻辑思维能力。归纳推理的结果主要是得到猜想，演绎推理主要是进行逻辑验证，而"数学化思考"需要归纳推理和演绎推理相结合，两者同样重要。

因此，从对概念的数学化思考出发，我们进一步明晰数学化就是学生数学知识的建构过程，而且还体现为数学知识"再创造"的实现过程。概念、公式、定理等的教学过程要在探究活动中展开，要体现"数学化"的教学思想，要揭示数学的形成过程。

（二）"概念理解"的数学化策略

弗赖登塔尔认为：学生学习数学是一个"再创造"的过程，学生不是被动地接受知识，而是在创造，把前人已经创造过的数学知识重新"自由创造"一遍。苏联数学教育家斯托利亚尔指出，数学活动有"经验材料的数学组织化"和"数学材料的逻辑组织化"之分，这两者基本对应着横向数学化和纵向数学化。

在概念知识的教学过程中，教师的指导是一项艺术：①要注意观察和调控学生的"自由创造"过程，选择合适时机进行数学化思考的指导；②要在指导过程中促使"再创造"过程适合横向与纵向的数学化；③关注学生与学生之间的相互促进，鼓励学生接受与认同自己与同伴的"创造"成果，实现学生之间的相互作用也是一种指导；④注意培养学生小组自我提问的能力，对问题的再设计会更容易将概念的多方面知识结合起来形成一个稳固的系统。

1. "概念理解"横向数学化（或水平数学化）策略

横向数学化（或水平数学化）策略是指将生活现实问题转化为数学问题、并将数学知识运用到实际情境中的数学化方式，即发现现实问题中的数学成分、对这些成分作符号化处理并加以应用的过程。

小学生由于受年龄特点和已有知识水平的限制，以横向数学化为主。《义务教育数学课程标准（2011 版）》中强调"重视学生已

11

有的生活经验，使学生体验从实际背景中抽象出数学问题、构建数学模型、寻求结果、解决问题的过程"。这事实上即是横向数学化的过程。

横向数学化，可以是从具体的客观现象中找出数学的特性，也可以是通过不同的方式将同一问题形式化或直观化，或者是在不同问题中识别其同构本质，还可以是将一个现实问题转化为数学问题或已知的数学模型等。因此，在实际教学中，教师应根据内容、目标等的不同，采用不同的策略让学生亲历不同方式的数学化历程。

【建模策略】适用于与现实生活联系较为紧密的概念学习。在学生的生活经验与抽象概念之间、经验世界与符号世界之间搭起一座桥梁——模型，实现"生活数学化"与"数学生活化"的双向关联。

横向数学化的出发点是现实生活中的具体实际问题，基本过程是要从这个具体实际问题中抽象出数学成分，发现其中蕴含的关系与规则，并努力使这些成分概念化、符号化。

如教师进行《认识分数》章节教学时，可以设计以下的数学化教学环节：

① 选择生活原型——欢欢和笑笑一起野餐，带了 2 个苹果、2 瓶酸奶和 1 块蛋糕，两人怎么分这些食品呢？将学生已有生活经验"每人应该分得一样多"提升为数学上的"平均分"。以平均分情境作为生活原型。

② 创造个性符号——"将 1 块蛋糕平均分成 2 份，每人分得多少？""这一半怎么表示呢？"教师鼓励学生充分发挥想象，大胆创造，运用自己的方法表示"一半"。在"自由创造"的过程中，分数变成了便于进行实质性交流的有意义的个性符号。

③ 建立沟通模型——从"一个物体""一个计量单位"到"一个整体"，让学生在生活现实与数学现实中不断地展开建模，建立具体模型、图像模型、抽象模型以及这些模型之间的沟通联系。让学生经历运用自己的个性符号表示到运用数学符号表示的过程，充

分感受分数的内涵。

【失衡策略】适用于知识分歧点较多及内涵（或外延）较为丰富和多样的概念学习。让学生已有的知识结构在新问题的冲击下"失衡"，再通过探究、讨论、交流等学习过程回归"平衡"。

如教师进行《圆的认识》中"圆心"概念的教学时，因圆心有较为丰富的外延（生活常态），可以通过以下的教学策略让学生经历数学化：

① 借鉴生活经验——让学生在一张圆形的纸片上找出圆心，引导学生们利用已有知识和经验，采用"折一折"或"量一量"等方法完成任务。

② 经历失衡情境——第一次失衡：让学生在一个圆形的铁片上找出圆心，铁片无法折，怎么办？学生通过探究在失衡中完成转化，把铁片画在纸上，使圆形的铁片"变"为圆形纸片，然后用前面的方法找圆心；第二次失衡：让学生在一个圆形的水池里找出圆心，水池无法折也无法用纸进行转化，怎么办？学生通过探究在失衡中摸索，找到用量度的方法完成任务。

经历以上三个活动，能促使学生对圆心的概念及其特性等形成直观和牢固的印象。

③ 理解运用知识——展示生活实例，引发学生思考：自行车和汽车车轮的轴为什么都在圆心的位置？下水道的井盖为什么做成圆形的？通过分析具体问题，理解和掌握"圆有最佳的对称性"。进一步运用这种对称性知识，还可以继续得到与圆有关的其他概念，这些学习过程同样是横向数学化。

从上述策略的范例可知，为了有效地实现横向数学化，一方面，我们选择的生活情境中的具体问题必须本质上含有相应的数学成分；另一方面，我们必须引导学生从分析具体问题出发，完整地经历抽象概括的过程而得到抽象的、形式化的数学知识。

2. "概念理解"纵向数学化（或垂直数学化）策略

纵向数学化（或垂直数学化）策略是指在数学范畴之内对已经符号化了的问题作进一步抽象化处理的数学化方式，即从数学到数学，注重数学知识内部的迁移和调整，以已有的数学知识为基础进行综合、演绎、整理，从而生成抽象数学知识之间联系的过程。如公式推导、证明等。

随着学生数学知识的逐渐丰富，他们将面临对已经掌握的数学知识进行重组、结构化等学习任务，此时，有些新知识的学习就是利用这种重组和重新建构来完成的，这就是纵向数学化。

纵向数学化，是将某个数学关系形成一个公式，或是证明一个定律，或是对同一问题采用不同的模型，或是对某个模型加以调整与完善、形成新的概念，或是由特殊情况经过推广从而建立起一般化的理论等。因此，在实际教学中，教师应根据学段、学情等的不同，采用不同的策略让学生亲历不同方式的数学化历程。

【迁移策略】适用于有相似基础的概念学习。让学生以已有概念的知识结构为原点，不断吸纳新的知识，逐渐丰富概念发展的表现形式。

如教师进行《角的度量》章节教学时，因学生已经有了关于度量的知识和经验（如线段长度的度量），掌握了相关的规则，可以安排如下的数学化教学环节：

① 唤醒原有知识——通过口答和出示探索题，让学生回忆线段长度的度量方法，重新认识原有的关于度量的数学知识与经验，特别是其中的三个关键要素（必须有统一的度量单位、度量工具、度量方法）。

② 尝试知识迁移——提供多种学具（如直尺、三角尺、量角器等），让学生在操作、观察、反思中完成知识的迁移，得出角的度量方法。

以上过程，即是在将原有的数学知识与经验进行重新组织的过程。在小学数学中，适合用迁移策略进行纵向数学化的内容也不少，例如运算定律从整数推广到小数、再从小数推广到分数，以及从商不变性质到分数的基本性质再到比的基本性质等。在这些"迁移"过程中，知识经历一次次蜕变，引导学生逐渐把握其中变与不变的规律，不断提高他们"通过现象看本质"的能力。

【递进策略】适用于层次较多或需要形式化、结构化处理的概念学习。主要表现为从"表象模糊"到"表象清晰"，完成"具象—符号化—形式化"的数学化过程。

如教师进行《什么是周长》教学时，为了让学生从生活中感悟周长、抽象出周长、测量周长、描述周长的概念，可以这样组织教学：

① 直观感受"周长"——教师展示生动的生活情境，通过"找一找""指一指""说一说"具体平面图形的周长，让学生从中感受"周长"的含义。

② 直接测量"周长"——提供多种学具，分成两个活动进行。第一个活动："描一描"树叶、卡片等具体平面物体边线的一周，并说一说描的方法等；第二个活动："估一估、说一说"三角形和长方形，回答"谁的周长长呢？你是怎样知道的？"进而得出策略"量一量"，让学生掌握平面直线型图形周长的测量方法。

③ 图形演绎拓展——分成两个步骤进行。第一步，出示一个圆形图案。让学生观察、思考、讨论周长的测量方法，得出"缠绕式（滚动式）测量"这一最佳方案，让学生的思维从直线型图形递进地转入曲线型图形；第二步，出示相同的两个正方形，剪去其中一个正方形的一角，让学生观察、思考、讨论"谁的周长长"，得出"旋转（平移）测量"方法，实现从规则图形拓展到不规则图形，逐步深入认识周长。

运用递进策略，从具体物体边线的长，到物体面上的周长，再到平面图形的周长；从直线测量，到缠绕式（滚动式）测量，再到旋转（平移）转化测量；从不规则图形，到规则图形，再到不规则图形。学生在层层递进中，不断地完善自己的认知结构，对周长的认识逐步深入。

二、"技能习得"：指导学生开展渐进式学习，形成"有序化"数学现实结构

数学家、数学教育泰斗张奠宙先生在其经典著作《数学方法论稿》中提出，不要让数学思想淹没在题海之中。一般来说，在数学技能的内化阶段，技能的定型化、简缩化、自动化可以通过强化训练实现，但内化水平的重要标准（即动作经验达到理性水平）却难以通过强化训练达到。因此，数学思想的感悟与提炼很重要。

数学现实思想（RME）是一个成功的数学教育取向，它着眼于培养学生水平数学化和垂直数学化思想。RME 希望数学学习经验在学生眼中看来是真实的，它期望设计活动能够将非正规的知识转化为比较正规的数学化知识，所用的方法名为"透过渐进式数学化过程进行指导性的再发明"（Guided Reinvention Through Progressive Mathematizing）。简言之，这种方法的起步点是数学历史知识，以及学生从事"探究式解难"活动时的非正规解决程序，教师的主要工作是指导学生去了解数学知识的社会化过程。①

（一）"技能习得"的数学化活动

数学化活动的开展，需要教师具有明确的教学目标、学生具有主动参与的意识。首先必须是"数学"的，所从事的活动要有明确的数学目标，如果缺乏目标的引领，这样的活动不能算作数学活动。例如折纸，既可以说这是手工劳动，也可以说是科学实验的准备，而作为数学活动的折纸，可以通过它来认识分数、学习图形的转化、找图形的对称轴、了解轴对称图形的特点、学习圆等平面图

---

① 张国祥. 数学化与数学现实思想［J］. 数学教育学报，2005（1）.

形，因此折纸在数学课堂教学中作为学习和理解概念的操作活动而具有重要的作用。其次是"活动"的，体现为师生对数学材料进行具体的操作和形象的探究活动。基础知识、基本技能需要通过经验转化为学生的素养，在数学活动经验的积累过程中，需要依附猜想、操作、验证等活动过程。因此，经验在活动中产生，活动是经验获取的渠道。

通过数学教学，经原生认知的经验，沿观察联想、操作实践得到概念、命题、定理、法则等，再将其归纳应用，学生能够从现实的数量中抽象出数和运算，从现实的图形中抽象出点、线、面和它们之间的关系。这样的"做—思—用—悟"渐进式数学化活动，就能使学生们积累的活动经验得以有效内化和提升，实现数学技能的习得。

我们所研究的数学化活动，主要是指课堂教学中、学生主动参与的渐进式的数学基本活动，根据活动过程中人体参与官能团的不同，可以简单分为具体的数学行为活动和抽象的数学思维活动（如观察、猜想、验证、推理、交流、归纳、运算求解、处理数据、反思与建构活动等）。虽然活动形式繁多，但进行这些活动的目的只有一个，就是让学生在经历探索、猜测、分析、验证的过程中对数学知识和数学思想达到理解、意会、感悟的境界，在这个过程中积累解决问题的经验，并进一步完成数学技能习得。

1. 数学行为操作活动

行为操作活动，是指学生在数学学习过程中通过感觉与知觉、产生直接感受和实际体验的操作活动。这里的操作行为是广义上的，指代所有动手实践的过程。操作行为下形成的主要是直接经验。因此，在日常的教学中，教师组织的行为操作活动环节，目标就是从中学会知识、获取相应的操作经验。例如三年级《平移和旋转》章节中，教材安排了一次综合实践的内容"仿照例子设计美丽的图案"。此过程中，学生既可以获得行为操作的数学活动经验，同时也能够在活动中进行欣赏、比较，从而加深对平移知识的理解。

学生获得的数学行为操作活动经验具有两个主要特点：一是外

显性，教师可以通过测验、观察等方式考查学生行为操作活动经验的掌握程度。二是发展性，活动经验的积累与获得是不断变化和发展的。就像学习者的硬件设备一样，必须具备相应的技能才能开展相应数学学习活动，而在进行数学活动的过程中又会收获新的行为操作活动经验。因此通过不断的学习，这种经验性的认识会随之发展、变化。

数学行为操作活动的适用内容，既包括定义、口诀之类的陈述性知识，也包括"如何做""为什么"之类的程序性知识。例如：知识的具体表现形式、用数学符号语言怎么表示、某个知识的适用范围、作图时的操作步骤、解决问题时如何找出数学模型、知道用什么方法等。数学行为操作活动经验的获得，有助于促进学生在动手实践过程中通过观察、模仿、概括总结等手段形成应用性技能。

行为操作活动是一种数学化活动，它作为一种学习过程，表现出具有层次性的数学现实结构。根据其在学生认知中的演变层次，行为操作活动的演变过程可分为"直观、理性、模型化、演绎化"四个层次；由此活动过程连续产出的副产物，即为对应的四个层次的数学行为操作活动经验，能进一步发展形成相应的数学应用性技能。

2. 数学思维操作活动

思维操作活动，是指学生在数学学习过程中依据非直观的思维材料、获得相应的体验感受和所思所想的操作活动。数学思维的活动是数学学科特有的思维活动，它包括归纳、类比、推理等。操作行为下形成的既可以是直接的经验、也可以是间接的经验。在思维活动中，学生的经验是在思维层面上进行的，没有依附具体的情境，仅运用头脑中的分析将过程趋于有序。例如四年级《乘法分配律》，教材通过解决"买5套服装一共需要多少钱"这个问题，展开两种方法的讨论，得出等式"$(65+45)\times5=65\times5+45\times5$"，再比较等号两边数的特点，发现算式的联系，再由学生举例找到更多的研究范例，以便通过分析、比较发现乘法分配律的本质。整个过程不借助任何直观材料，完全脱离行为操作，获得的经验更注重

18

积累。数学思维的经验对学生的创新能力的发展有着重要的意义。

　　学生积累的数学思维操作活动经验具有两个主要特点：一是内隐性，即学生的数学思维操作活动经验的获得与积累并不能够很清晰又快速地看到效果。这种活动经验是介于缄默知识和显性知识之间的，它反映了学习者在某一特定的学习环境中对学习对象的一种经验性认识，因此教师无法用肉眼观察或者通过检测的方式考查到学生是否已经积累到了活动经验，从而使教师难于把握。二是个体性，即学生数学思维操作活动经验的获得，对于同一个知识点，不同的学生会积累到不同的经验。每个学生都会用自己的方式建构知识体系，用自己的方式积累经验。但从整体的角度来看，大多数学习者在经历同一个数学活动之后也会产生某种共性特点和普适性的个人经验。

　　思维操作活动是一种数学化活动，它作为一种学习过程，表现出有序化的数学现实结构。数学领域内思维活动的教学，其数学活动是按照三个阶段进行的思维活动：一是经验的数学组织化，借助观察、类比、实验、归纳、概括、总结等方式积累材料；二是数学的逻辑组织化，从积累的材料中抽象出数学公理和概念，并在概念的基础上通过演绎建立理论；三是数学理论的应用，数学不仅需要教会学生如何应用所知，更重要的是教会学生如何进行数学活动，反思回顾得到结论的过程。

　　（二）"技能习得"的数学化策略

　　弗赖登塔尔的"数学现实"观告诉我们，每个学生都有自己的数学现实，即接触到的客观世界中的规律以及有关这些规律的数学知识结构。它不但包括客观世界的现实情况，也包括学生使用自己的数学能力观察客观世界所获得的认识。教师的任务在于了解学生的数学现实并不断地扩展提升学生的"数学现实"。[①]

　　数学行为操作活动经验和数学思维操作活动经验需要学生在经

---

　　① 乔爱萍. 论弗赖登塔尔数学教育思想的现实意义［J］. 江苏教育研究，2014（4）.

历大量数学化活动后自己获得,教师无法直接"教"给学生。但是教师可以通过选择活动形式、设计相应有效的"技能习得"的数学化策略开展课堂教学,这在促进学生积累数学基本活动经验的同时,还能进一步提高数学基本活动经验的质量。

"基本活动经验是个体在经历了具体的学科活动之后留下的、具有个体特色的内容,既可以是感觉知觉的,也可以是经过反省之后形成的经验。"① 数学基本活动经验作为《义务教育数学课程标准(2011年版)》提出的"四基"之一,必定能有效地促进学生建立自己的数学现实和数学学习的直觉、学会运用数学的思维方式进行思考。作为教师,必须结合具体的教学内容,设计组织好每一个数学活动,引导学生体验数学活动的每一个环节,经历"做"数学和"思考"数学的过程,在积极主动地参与数学活动中获得不同的经验内容,积累丰富的数学活动经验。

1. 行为类数学基本活动经验的有效积累策略

在数学活动中,学生通过外显的行为操作,对学习材料的第一手直观感受、体验和经验一般是直接经验。这类操作的直接价值并不是问题的解决,而是对学习材料的感性认识。

行为类数学基本活动经验的有效积累策略,主要是指经历"做"数学的过程、侧重于丰富来自感官、知觉的经验的积累策略。此类活动经验大致需要经过"经历、重组、扩展"三个阶段,其积累路径表现为渐进式数学化过程。首先,需要经历,无论是生活中的经历、活动中的经历还是学习中的经历,对于学生基本经验的积累都是必需的;其次,要使这类直接经验能合理地积淀,还需要一个判断、筛选、确认的环节,进行重组,确保经验具有全面性和准确性;最后,数学活动经验具有发展性,教师除了要帮助学生获得、积累第一手原始、直观的直接经验外,还要创设机会让学生运用所学知识,让获得的数学活动经验得到有效的迁移,巩固、扩展

---

① 孔凡哲. 基本活动经验的含义、成分与课程教学价值 [J]. 课程·教材·教法,2009 (3).

数学活动经验。

　　【经验扩展策略】适用于小学低、中年段开展的数学活动。低、中年段学生的数学学习主要是"从活动中来"，教师可从学生所熟悉的事物入手，设计一些能通过感官来帮助学生建立直觉表象、培养学生的兴趣为主的数学活动，让学生在活动中去经历、体验，以便与学生已有的经验产生联系，扩展认知经验，形成应用性技能，促进学生对数学知识的学习。

　　教学策略的具体呈现为，从"链接生活经验"到"扩展已有经验"开展渐进式学习，直面数学现实，让学生在"做"数学中再造自己的基本活动经验。"数学现实"不能简单地理解为新知的"预备知识"，也不只是新旧知识的逻辑连接，而应指向学生认知方式的发展、规律的把握、技能的提升等。教师教授新知前，必须要了解学生的原初经验，它是后续经验扩展的基础。

　　如教师进行二年级《克和千克》章节的教学时，首先通过设计"看一看、掂一掂、找一找、猜一猜"等实践活动，"链接生活经验"让学生多种感官同时参与，充分经历对"克"与"千克"这两个质量单位的感知，从而获得基本的生活经验。然后通过认识并掌握用秤称物体质量的方法，在开展"估一估、称一称"等实践活动过程中"扩展已有经验"，由能判断物体轻重扩展到能根据物体轻重的实际情况选择合适的质量单位进行表达和交流，建立千克和克的质量概念，并运用所学知识解决实际的生活问题。

　　2. 思维类数学基本活动经验的有效积累策略

　　就一个人的理性而言，思维过程能积淀出一种经验，这种经验就属于思考的经验。在我们的研究中，由思维操作活动中获得的经验即为"思维类数学基本活动经验"，比如归纳的经验、类比的经验、证明的经验等。

　　一般而言，小学低年级学生数学知识比较匮乏，他们所具有的是比较直观、形象的生活经验，所以低年级的数学教学"生活味"会比较浓。随着学生年龄的增长、知识储备的增加、思维能力的提高，教师应该引导学生逐步学会用数学的思维方式来发现问题、思考问题、解决问题，不断积累自己的思维操作经验。一个数学活动经验相对丰富并且善于反思的学生，他的数学直觉必然会随着经验的积累而增强。

思维类数学基本活动经验的有效积累策略，主要是指经历"思考"数学的过程、侧重于积累和提升策略性、方法性经验。此类活动经验的积累过程具有渐进性，需要经过"感知—反思—转化"三个层次。首先，在教师创设的导入和讲授新课的教学情境中，学生经历了一定的数学活动过程后"感知"新知识，头脑中会或多或少地形成一些数学活动经验，但这些经验是零散的、低层次的；接着，为了实现零散经验和新旧知识的同化，教师要引导学生"反思"活动过程，引导学生检查自己的思维活动，反思自己是怎样发现、解决问题的，运用了哪些基本的思考方法，有什么好的经验，遇到了什么困惑，从中回味思路，自我领悟，提升并丰富数学活动经验；最后，教师指导学生对已获得的活动经验进行梳理，帮助学生发现其本质的异同，完成从低层次经验向较高层次经验的"转化"，形成比较完整的经验系统，继而将学生发现的一个个知识"点"连接成一串知识"链"，进而构成牢固的知识"网"。

【经验内化策略】适用于小学高年段开展的数学活动。数学对于小学生来说，是他们对生活中的数学现象的解读。因此，在数学活动中，教师要让学生在充分感知的基础上，适时地引导学生观察、发现、思考、比较，揭示出感性经验背后的理性、抽象的数学经验，促使学生能够将学到的新知识、新技能、积累到的新经验以及归纳出的新思想逐渐内化为自身的经验，做到学以致用、举一反三。

以我们的研究课《比的基本性质》的一个教学环节为例，说明"指导类比、内化经验"的策略。按照教材要求"根据小冬测量几瓶液体的质量和体积的记录，填写质量和体积的比值"，教师指导学生观察等式，运用对"分数的基本性质"的已有认识进行"比的基本性质"的推理与探究。尽管学生对液体质量与体积的比值所表示的实际意义——"密度"不太了解，但是由已获得的"商不变规律""分数基本性质"的探究经验，大部分学生能从过去相关的经验中找到方法上的支撑，推导出"比"中也存在类似的性质。"比的前项和后项同时乘或除以相同的数（0 除外），比值不变"这个结论便是依据类比的经验得出的。故此可知，教师在这段内容的处理上可以大胆放手，学生类似的经验越丰富，新知就越容易主动纳入到已有的知识体系之中。

"引导反思、内化经验"的策略，以教学《三角形的面积公式》一课的小结环节为例。为提升学生的思维经验，教师设计了四个追问：第一，我们是怎样推导三角形的面积公式的？第二，为什么要转化成平行四边形？第三，你们是怎样想到转化的？第四，通过这两个图形的面积公式的推导，你们积累了哪些成功经验？通过四次让"经验"凸显的追问引导学生反思，帮助学生提炼数学基本活动经验。在这一活动过程中，学生不仅理解了三角形的面积计算公式，知道公式是怎么推导出来的，更重要的是能够进一步感悟到在学习新知识、解决新问题时，可以通过转化的策略，运用以往的知识经验去探索新思路、解决新问题。通过这样的回顾反思过程，可及时提升、丰富数学活动经验，使数学活动经验从低层次向高层次转化，从零散向系统转化。

在上述教学案例中，学生的经验生成是在思维层面进行的，没有依附于具体的情境，仅在头脑中进行合情推理，并且整个过程更趋于有序。从获得的经验类型来看，这类活动中获得的经验相对前两种更侧重策略和方法，也更为理性。从这点上可以看出，思考经验的获取是派生出思维模式和思维方法的重要渠道，这些思维经验对学生开展创新性活动具有十分重要的奠基作用。

三、"问题解决"：指导学生辨析数学问题，发展数学问题表征能力

从数学教育的角度看，问题解决的意义在于学生以积极探索的态度，综合运用自身具备的数学基础知识、基本技能和能力，创造

性地解决来自数学教学或实际生活和生产实际中的新问题的学习活动。①

现代认知派认为，问题解决的过程主要分为四个阶段：问题的理解和表征、寻求解决方案、尝试解决、检验评价。如格拉泽（Glaser）1985 年提出，问题解决的过程可以划分为四个阶段：①形成问题的初始表征，也就是对问题的理解；②制定问题解决的计划，寻找解决问题的方法；③重构问题的表征，即对问题的进一步理解或是对以前理解的修订；④执行计划或检验结果。同时他指出问题解决的过程不是线性的，而是迂回曲折的。由此可知，问题表征是问题解决的关键环节。

"问题表征是指根据问题所提供的信息和自身已有的知识经验，发现问题的结构，构建自己问题空间的过程，也是把外部的物理刺激转变为内部心理符号的过程。"② 数学问题表征能力就是指能够准确表征数学问题的程度，其表征能力的高低决定着学生数学理解能力的发展水平。

（一）"问题解决"的数学化训练

小学生解决数学问题一般要经历四个环节：信息感知、问题表征、寻求解决方案和数学运算，这符合一般问题解决的程序。数学问题解决的关键阶段在于解决过程中的初期，即选择运算或计算策略之前构建一个恰当的问题表征，也就是信息感知（问题的理解）和问题表征这两个相对独立的环节。它恰好是学生辨析数学问题的时期，是数学化训练的重点阶段。

因此，"问题解决"的数学化训练，尤其需要教师有计划、有目的地进行问题表征的训练活动，把握好数学问题表征能力的四个层次，即复现式的表征能力、转述式的表征能力、分析式的表征能

---

① 鲍建生，周超. 数学学习的心理基础与过程 [M]. 上海：上海教育出版社，2009：194.

② 胥兴春，刘电芝. 问题表征方式与数学问题解决的研究 [J]. 心理科学进展，2002（3）：264 - 269.

力、概括式的表征能力。① 注重发展学生直觉思维能力和数学语言转换能力，进一步深化对学生数学问题表征能力的培养。

1. "信息感知"训练

在课堂教学中，"信息感知"的主要途径是学生体验教师创设的合理的问题情境。问题源于疑惑，疑惑产生于情境，而情境来源于现实生活。问题产生作为问题解决的第一步，关键之处在于让学生对教师所呈现的情境"起疑"。这就要求教师所设计的问题情境要与学生所熟悉的现实环境有所冲突，进而引起学生思考，提出自己的疑惑。

科学合理的问题才能有助于学生轻松地进入学习状态，因此教师设计问题时应关注以下几点：①问题具有适宜性。应以小学生的知识水平和认识规律为基础设计问题，既要保证学生有一定的思维量，又要符合学生的最近发展区，让学生"跳一跳能摘到桃子"。②问题具有探索性。具有探索性的问题才能激发学生的探索欲望、引导学生思考问题，帮助学生学会发现问题、提出问题、分析问题和解决问题。③问题具有艺术性。根据小学生的心理发展特点，教师应集知识性和艺术性为一体进行问题设计，使设计的问题既有趣味性又有新奇感。

"信息感知"训练的方法和过程是：①课前，教师创设宽松和谐、易于探究的教学情境，预设学生感悟思维的基本方式（"正向思维"或"反向思维"）；②课始，学生首先通过"观察—思考"过程，感知和体验教学情境，然后以独立思考与讨论交流相结合的方式，围绕"问题的理解与描述"展开学习。

2. "问题表征"训练

在课堂教学中，"问题表征"训练的关键在于教师必须注重引导学生把握表征取向，加强问题表征的表达训练，以提高问题表征的准确性。那么，什么是表征？著名心理学家西蒙指出："表征是

---

① 殷伟康. 培养学生数学问题表征能力"三部曲"［J］. 中学数学（高中版），2013（13）：65–67.

问题解决的一个中心环节，它说明问题在头脑里是如何呈现的，如何表现出来的。"

引导学生把握表征取向，必须先了解问题表征方式的常用类型。我们综合前人的研究成果，发现小学生常用的问题表征方式主要有六种，即图式表征、图片表征、语义结构分析表征、复述内容表征、直译表征和其他表征方式。以表征应用题为例，"图式表征"是学生根据题目在心里或纸上画线段图或其他图表以进行表征的方式；"图片表征"是学生在根据题目中的内容想象一些情景的表征方式；"语义结构分析表征"是学生将题目内容信息转化为自己的语言，对问题的条件和目标进行陈述的表征方式；"复述内容表征"是采取对应用题多读几遍、多看几遍的方式；"直译表征"是学生读完题目后寻找题目中的数字和关键词，然后开始列式的表征方式；"其他表征方式"是除前面五种表征方式之外的表征方式。

加强问题表征的表达训练非常重要，因为对问题做出什么样的表征，以及这种表征是否适当对数学问题的解决有重大直接影响。有时能不能解决问题，很大程度上取决于能不能正确地表征问题。在有关问题表征转换的研究中已经发现，对同一个问题可以有不同的表征方式，而不同的表征方式对数学问题的解决可能产生明显不同的效果。董妍、路海东的研究考查了小学生对上述六种表征方式选择情况，发现这六种表征方式在被选择的次数上存在显著差异，其中图式表征和语义结构分析表征被选择的次数明显多于其他表征方式。两者都注重对应用题已知条件之间关系的表征，所以这两种表征方式下六年级应用题的解题成绩最好。[①] 对数学"学困生"的研究表明，一些学生由于对采取何种数学问题表征没有足够的、有效的经验或策略，就会采取一种最为简单的方式——图片方式进行

---

① 董妍. 工作记忆、问题表征方式对小学生数学问题解决影响的研究 [D]. 长春：东北师范大学. 2003.

表征，而这种方式与数学问题的成功解决呈负相关。① 张庆林的研究也表明"学困生"会经常采用复述内容的表征方式。② 这正是一些数学学习困难儿童的问题所在。

（二）"问题解决"的数学化策略

在小学数学的实际教学中提到"问题解决"时，一般是指小学数学教材中"数与代数"和"图形与几何"部分中出现的应用题。问题是数学的心脏，数学教学本质上由问题驱动。针对小学生在问题解决教学过程中经常出现的基本问题，我们可选择若干种对应的问题解决策略，如：信息感知问题解决策略、情境表征问题解决策略、方案设计问题解决策略、解题执行问题解决策略、检验反思问题解决策略等。

基于数学化思想，将变化多端的世界事物，通过整理总结，归化有数学意义的符号与图形，从而对量化的世界进行数学计算，得出我们想要的结果，这就是数学化。因此，我们认为"问题解决"的数学化策略应着重关注阐述有关应用题的情境表征问题解决策略、方案设计问题解决策略等解题策略。

1. 应用题的情境表征问题解决策略

认知心理学的信息加工理论指出，情境表征是学生对问题的深层理解加工，也就是我们所说的学生是否能够理解题意。问题的深层理解是指在问题表层理解的基础上，进一步把问题的每一陈述综合成条件、目标统一的心理表征。它包括两方面内容：一是能够识别问题类型，二是能够区分问题中的有关信息与无关信息。因此，情境表征可代表学生的数学表征水平、应用题审题能力，是问题解决过程的重要环节。

---

① 路海东，董妍. 小学生表征数学应用题策略的实验研究 [J]. 心理发展与教育，2003（1）：60-63.
② 胥兴春，刘电芝. 问题表征方式与数学问题解决的研究 [J]. 心理科学进展，2002（3）：264-269.

根据心理学中的儿童认知规律，小学生正处于由形象思维向逻辑思维过渡的时期，学生的思维方式处于具体性阶段，在学习比较抽象的知识时，如果没有直观材料作为支撑，可能会出现很大困难。所以在进行应用题教学时，教师应重视图示方法的运用和指导，利用图示或者表格等直观材料将题中的无关信息删减，使主要信息直观地展示在学生面前，引导学生对问题作深层理解，把复杂问题简单化、将模糊信息清晰化、将单一的问题丰富化，以便突出问题的本质，完成情境表征。

【**图示表征策略**】主要适用于小学高年段的应用题教学。图示表征是一种视觉化的表征方式，它之所以能够对小学生的解题起到促进作用，一方面是因为它是一种形象表征，有助于减少记忆负荷，另一方面是因为图示表征能够用简洁的方式完整地再现整个问题情境，由于对情境的完整再现，学生就会很容易发现问题初始条件和问题目标之间的关系，从而实现对问题的解决。一个图示表征能通过对已知条件之间关系的刻画来引导解题者做出解题的计划，从而使问题得到正确解决。

教师根据数学问题解决的不同类型，可以选择不同的图示表征来帮助学生理解：

①文字叙述类的图形问题。

可以画出几何图形，将模糊的信息清晰化，运用数形结合的方法解决。数形结合既是重要的数学思想方法，也是帮助学生理解数学问题的重要手段。

例题：两只蚂蚁分别沿边长和直径相等的正方形和圆走一圈，已知圆的半径是1cm，谁走的路程长？为什么？

【分析】解这道题的方法有很多，但是对于一般的学生而言，只要将圆和正方形画出来，就能将题目剖析透彻，进而迅速地找到解题方案。如下图所示：

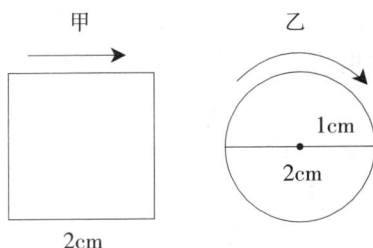

甲 乙

2cm

1cm
2cm

画出图示后，第一种方法可以直接求出两个图形的周长，再进行比较；第二种方法可以根据正方形周长是边长的 4 倍，圆的周长是直径的 3.14 倍，4 > 3.14，所以甲走的路程长；第三种方法是根据示意图直接得出正方形边长和圆的直径相等，圆可以放进正方形中，所以正方形的周长比圆的周长长。

②分数、百分数类的问题。

可以采用画线段图、方块图、圆圈图等方法，帮助学生分析数量之间的关系，使抽象内容具体化、形象化，将复杂的关系简单化。复杂的数学问题要从多个方面考虑，这很容易使小学生思维混乱，找不到头绪，无从下手。通过画线段图，题中的信息以及量与量之间的关系就可以一目了然，从而化繁为简。所以教师在教学中要引导学生规范画出线段图，进而准确解决问题。

例题：

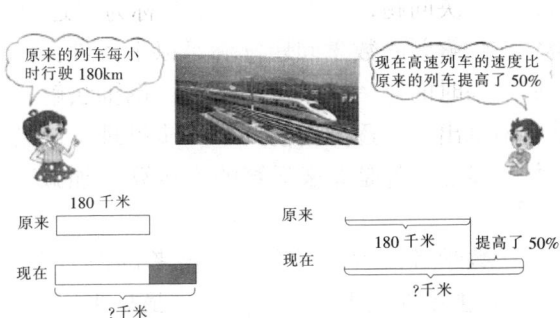

原来的列车每小时行驶 180km

现在高速列车的速度比原来的列车提高了 50%

180 千米
原来

现在
?千米

原来

现在
180 千米　提高了 50%

?千米

【分析】在学生分析题意过程中，采用方块图和线段图两种方式帮助理解"提高了50%"，通过画图，就能很清晰地看到比"原来"多了50%的结果。

2. 应用题的方案设计问题解决策略

《义务教育数学课程标准（2011年版）》指出："学生掌握数学知识，不能依赖死记硬背，而应以理解为基础，并在知识的应用中不断巩固和深化。"应用题解题是综合性的问题，寻求其问题解决方案就是利用学生掌握的扎实的基础知识，对题目问题开展有理有据的分析、综合，选择解决问题的思路，确定解题步骤和解题方法。此过程中，数学思维是灵魂。

数学思维是问题解决的钥匙，要想突破关键，就要梳理问题的思维过程。数学思维就是数学地思考问题和解决问题的思维活动形式。小学生在问题解决中采用两种思维类型，分别是正推法和倒推法（可逆思维）。正推法是从情境中的已知条件入手，直接分析找出数量关系，思考可能得出的结果。倒推法是从问题入手，思考要解决这个问题，必须知道的条件是什么，有目的地从问题情境中寻找相关的数学信息。在实际解题时，要根据具体情况具体分析，两种方法经常是综合在一起的。

【倒推法解题策略】在分析应用题的过程中，倒推法是一种常用的思考方法。这种方法是从应用题或文字题所叙述的结果出发，运用加和减、乘和除之间的互逆关系，从后往前一步一步倒着分析、推理，直到解决问题，这种方法又常被称为"还原法"。

适合用倒推法解题的数学问题常满足以下条件：已知最后的结果和到达最后结果时的每一步具体的过程。倒推法解题有两点注意事项：一是从结果出发，逐步向前一步一步推理；二是在向前推理的过程中，每一步运算都是原来运算的逆运算（加减互逆、乘除互逆）。

例题：一次数学考试后，李军问于昆考试得多少分。于昆说："用我得的分数减去8加上10，再除以7，最后乘以4，得56。"你知道于昆得多少分吗？

【分析】这道题用正推思考比较麻烦，很难理出头绪来。但如果用倒推法进行分析，就能顺畅地层层深入，直到解决问题。

　　把于昆的叙述过程编成一道文字题：一个数减去 8，加上 10，再除以 7，乘以 4，结果是 56，求这个数是多少？

　　把这个数用 S 来表示，根据题目已知条件可得到这样的等式：

　　$\{[(S-8)+10]\div 7\}\times 4=56$

　　如何求出 S 代表的数呢？我们可以从结果 56 出发倒推回去。因为 56 是乘以 4 后得到的，而乘以 4 之前是 $56\div 4=14$。14 是除以 7 后得到的，除以 7 之前是 $14\times 7=98$。98 是加 10 后得到的，加 10 以前是 $98-10=88$。88 是减 8 以后得到的，减 8 以前是 $88+8=96$。这样的逆运算促使问题得解。于昆这次的数学考试成绩是 96 分。

第二章　教学再设计的理论基础

教学设计是指教师以现代教学理论为基础，依据教学对象的特点和教师自己的教学观念、经验、风格，运用系统的观点与方法，分析教学中的问题和需要，确定教学目标，建立解决问题的步骤，合理组合和安排各种教学要素，为优化教学效果而制定实施方案的系统的计划过程。对于本研究所探索的小学数学的教学再设计而言，现代教学理论的指导更为重要。现代教学理论指导着学生的学习和教师的教学，对师生们正确地把握学习的实质与规律、提高学习效率、改善教学质量和推进教学改革都具有重要的理论和实践意义。

第一节　现代学习理论

学习是人类在后天生活中获得个体经验的过程，也就是人类经验系统变化发展的过程。顾名思义，学习理论就是解释人类怎样学习的理论，阐明学习是如何发生、学习是怎样的一个过程、有哪些条件和规律、如何才能有效地学习等。它要解答的核心问题是关于学习本质的问题，即个体如何获得经验及这个获得过程的实质如何。

20 世纪的学习理论有两大流派：行为主义学习理论和认知主义学习理论。自 20 世纪 60 年代起，认知主义逐渐取代行为主义，占据了学习心理学的主导地位。20 世纪 90 年代以来，随着心理学和其他相关领域的学者对人类学习研究的不断深入，认知主义学习理论的一个重要分支——建构主义学习理论及与之密切相关的情境认知与学习理论等在西方逐渐流行起来。建构主义是学习理论从行为主义发展到认知主义以后的进一步发展，是当代学习理论的革命。

纵观认知派学习理论的发展过程，从注重有机体学习全域的格式塔的"组织—完型"学习理论、托尔曼的符号学习理论，到着重讨论学生学习的布鲁纳的"认知—发现"学习理论、奥苏贝尔的"认知—同化"学习理论，从布鲁纳、奥苏贝尔强调相同的认知过程形成相同的层级认知结构的传统认知主义，到强调个人独特的认知过程建构不同的网状知识结构的建构主义，认知派学习理论的发展也体现出一个逐步完善、逐步清晰的过程。①

一、传统认知主义学习理论

认知学习理论认为，学习者的学习依赖于他原有的认知结构和当前的刺激情境，其学习过程可看作是信息加工的过程；学习不是通过练习与强化形成反应习惯，而是通过顿悟与理解获得期待。认知主义的教学目标在于帮助学习者习得事物及其特性，使外界客观事物（知识及其结构）内化为其内部的认知结构。与行为主义相比，重点放在引发行为的思维过程上，而不是行为本身。认知主义强调在教学设计中必须了解学习者已有的认知结构，然后设计出相应的教学。

近些年来，随着认知心理学家对学习与知识这一问题认识的深化，认知主义学习理论的研究主要集中在知识的表征与组织、学习的自我调节与元认知、问题解决的一般认知加工三个领域。②

主要代表理论有布鲁纳的发现学习理论、奥苏贝尔的有意义学习理论。

（一）布鲁纳的"认知—发现学习理论"

美国认知心理学家、教育学家布鲁纳（J. S. Bruner）的教育心理学理论主要成果集中体现在 1960 年出版的《教育过程》一书中。

---

① 莫雷. 西方两大派别学习理论发展过程的系统分析［J］. 华南师范大学学报（社会科学版），2003（4）：103－108.
② 司继伟. 学习理论研究的主要取向及其教学含义［J］. 宁波大学学报（教育科学版），2000，22（6）：1－7.

他把研究的重点放在人类学习尤其是学生学习上，将学习看成是学习者积极主动地进行内部的认知操作活动形成或发展认知结构的过程。布鲁纳倡导和强调发现学习，注重使学科的基本结构转变为学生头脑中的认知结构。为实现这一目标，学生必须积极主动地构建自己的知识结构，亲自探索或"发现"应得出的结论或规律性知识，并发展他们发现学习的能力。因此他的理论常被称之为"认知—发现学习说"或"认知—结构教学论"。

布鲁纳认为，学生的学习过程是通过类目化的信息加工活动，积极主动地形成认知结构或知识的类目编码系统的过程。这种类目化活动应该从低到高，应该给学生提供较低的类目，让学生自己去发现高一层级的类目。① 他倡导教师运用启发的方法进行引导教学。所谓发现法是指教师为学生设置一定的问题情境并提出明确问题，让学生带着问题观察具体的事物，从而提出问题假设并通过问题讨论，最后得出概念或原理的学习方法。发现学习是指让学生通过自己的观察和亲身体验来发现问题解决的步骤从而获得知识的一种学习方法。它是把探索知识和学习知识的整个过程综合了起来，让学习者在探索的过程中经历知识形成和发展，最后理解并掌握知识的方法。

布鲁纳的发现学习法与数学中的解决问题存在共同之处，首先是面临一个问题情景，其次是理解、分析问题，再次是进行解题探究得出结论，最后是结果的验证。布鲁纳指出发现学习可以：①提升个体的智力水平以及解决问题的思维水平；②积累解决问题的经验方法；③使学习者在发现学习的整个过程中获得成功的体验，使学生从最初学习的外部动机转变为内部动机，达到爱上学习的目的；④帮助学习者对探索过程中的方法策略进行长久的记忆保持。

---

① 莫雷. 西方两大派别学习理论发展过程的系统分析 [J]. 华南师范大学学报（社会科学版），2003（4）：103–108.

（二）奥苏贝尔的"认知—同化学习理论"

戴维·奥苏贝尔（David P. Ausubel，1918—2008）是当代美国著名的认知心理学家之一，和布鲁纳一样，其学习理论也是根据认知派学习理论的基本规范来探讨学生学习问题的理论。他在批判行为主义简单地将动物心理等同于人类心理的基础上，创造性地吸收了皮亚杰、布鲁纳等同时代心理学家的认知同化理论思想，提出了著名的有意义学习、先行组织者等，并将学习论与教学论两者有机地统一起来。他主张有意义地接受学习，认为学生的学习过程是学习者通过同化活动将新知识纳入到原来的认知结构中，从而形成新的认知结构的过程，因此他的理论被称为"认知—同化学习理论"或"认知—接受学习理论"。

奥苏贝尔学习理论的核心是有意义学习。他指出："有意义学习过程的实质就是符号所代表的新知识与学习者认知结构中已有的适当观念建立非人为的和实质性的联系。"这种联系的建立是有条件的，即是有意义学习的两大先决条件：一是内部条件，学习者必须在有意义学习的心向，即学习者积极主动地把新知识与本人认知结构中原有的适当知识加以联系的意向；二是外部条件，学习内容对学习者具有潜在意义，即能够与学习者已有的知识结构联系起来。奥苏贝尔关于学习的观点恰好与布鲁纳的发现法相反，他认为学习应该是通过接受而发生，而不是通过发现。教师给学生提供的材料是经过仔细考虑的、有组织的、有序列的完整的形式，因此学生接受的是最有用的材料。

奥苏贝尔指出，同化是意义学习的心理机制。所谓同化，就是将新知识、新材料归入已有的认知结构中。其核心是学生能否习得新信息，主要取决于他们认知结构中已有的有关概念；意义学习是通过新信息与学生认知结构中已有的有关概念的相互作用才得以发生的；由于这种相互作用的结果，导致了新旧知识的意义的同化。同化学习有三种方式：①类属学习，又称下位学习，是指在知识学习中新知识与原有知识的部分关联，把新知识归入认知结构中的有关部分的过程；②总括学习，又称上位学习，指原有知识为从属概念，新知识为上位概念；③并列组合学习，指新概念与认知结构中的原有知识既不能产生类属关系，也不能产生总括关系，新旧知识为并列组合关系。

奥苏贝尔认为，同化过程中应该遵循逐渐分化和整合协调的原则：①逐渐分化的原则是指应首先学习包摄性最广、概括水平最高、最一般的观念，然后逐渐学习概括水平较低、较具体的知识，对它加以分化。奥苏贝尔认为最有效的学习是下位学习，同化过程应该由高的、包涉水平广的概念到具体概念。②整合协调原则是指对认知结构的已有知识重新加以组合，通过类推、分析、比较、综合，明确新旧知识间的区别和联系，使所学知识能综合贯通，构成清晰、稳定、整合的知识体系。奥苏贝尔根据这两个教学原则，又提出了"先行组织者"这一具体的教学策略。①

二、建构主义学习理论

建构主义学习理论是 20 世纪 90 年代以后教育心理学领域的一种发展趋势。它改变了传统的"反映论"，提出了崭新的"建构论"，在知识的绝对性与相对性、结构性与非结构性、概括性与具体性之间，它更偏向于后者。当前，建构主义学习理论被看作是一种全新的学习哲学，它以更多地关注学生、更多地注重交流、更强调课堂的研究活动和小组互动为特征，挑战了传统基于"菜单式"和盲目追求效率的学校教育，并成为 21 世纪教育改革的主要理论。

（一）建构主义学习理论的核心观点

建构主义派别林立、观点多样，在某种意义上甚至可以说，"有多少研究建构主义的人，就有多少建构主义"。综合国内外学者

---

① 莫雷. 西方两大派别学习理论发展过程的系统分析 [J]. 华南师范大学学报（社会科学版），2003（4）：103 – 108.

的有关研究，建构主义学习理论的核心观点可简要地概括如下：

1. 如何看待知识，即建构主义的知识观

建构主义者认为，知识只是人们对现实世界的一种解释、假设或假说，它会随着人们认识程度的深入而不断地变革、升华和改写，从而形成新的解释和假设。同时，知识不可能以实体的形式存在于具体个体之外，尽管我们通过语言符号赋予了知识一定的外在形式，甚至这些命题还得到了较普遍的认可，但这并不意味着学习者会对这些命题有同样的理解，因为这些理解只能由个体学习者基于自己的经验背景建构起来，这取决于特定情境下的学习历程。另外，知识在各种情况下的应用也不是简单套用，而是需要针对具体情境对原有知识进行再创造。① 因此，从某种程度上来讲，知识与其说是个名词，不如说是个动词。知识是一个不断认知、体验和建构的过程。②

2. 如何看待学习者，即建构主义的学生观

建构主义者强调，每一个学习者都有一个七彩的经验世界。在日常生活中，在以往的学习中，他们已经形成了丰富的经验，小到身边的衣食住行，大到宇宙、星体的运行，从自然现象到社会生活，他们几乎都有一些自己的看法。而且，有些问题即使他们还没有接触过，没有现成的经验，但当问题一旦呈现在面前时，他们往往也可以基于相关的经验，依靠他们的认知能力，形成对问题的某种解释，这并不都是胡乱猜测，而是从他们的经验背景出发而推出的合乎逻辑的假设。所以，教学不能无视学生的这些经验，另起炉灶，从外部装进新知识，而是要把学生现有的知识经验作为新知识的生长点，引导学生从原有的知识经验中生长出新的知识经验。由于经验背景的差异，学习者对问题的理解常常各异，在学习者的共同体之中，这些差异本身便构成了一种宝贵的学习资源。当然，在

---

① 陈琦，张建伟. 建构主义学习观要义评析 ［J］. 华东师范大学学报（教育科学版），1998（1）：61-68.

② 钟志贤. 信息化教学模式 ［M］. 北京：北京师范大学出版社，2006：23.

个体的自我发展和外部引导两者之间，尽管建构主义着力研究的是前者，但它并不否认后者，它并不是取消教师的影响，而是说不能径直地教。①

3. 如何理解学习活动，即建构主义学习观

建构主义者认为，学习是意义的主动建构过程，不是知识的被动传输。在建构主义者看来，学习本质上是知识的主动建构过程，是个体在与外部世界的相互作用过程中，以一定的社会文化为背景，在已有经验和知识的基础上，建构自己新的知识和理解的过程，是知识的生长和意义的生成过程。那么，什么是建构呢？建构是学习者通过新、旧知识经验之间的反复的、双向的相互作用，来形成和调整自己的经验结构。这种双向的相互作用具体表现为同化和顺应的统一。同化是指学习者将新信息吸收到原有的认知结构之中，以原有经验为背景去理解新信息，生成新的意义，将它们纳入到已有的结构之中。与此同时，对原有知识经验的运用又不是简单地提取和套用，学习者需要依据新经验情境对原有经验本身做出某种调整和改造，原有的认知结构会受到它所同化的新元素的影响而发生一定的改变，这就是顺应。同化体现了知识发展的连续性，顺应体现了知识发展的改造性。学习不仅是新的知识经验的获得，同时还意味着既有知识经验的改造。同化和顺应的统一就是知识建构的具体机制。②

概括之，虽然建构主义学习理论在产生之初存在不同倾向的观点，但随着近些年各倾向之间不断走向融合，该取向学习理论也达成了许多一致的观点。如学习不是知识由教师向学生的传递，而是学生建构自己的知识的过程；学习者不是被动的信息吸收者，而是学习者在一定的情境即社会文化背景下，借助其他人（包括教师和学习伙伴）的帮助，利用必要的学习资料，通过意义建构的方式而

---

① 陈琦，张建伟. 建构主义学习观要义评析 [J]. 华东师范大学学报（教育科学版），1998（1）：61-68.

② 屈林岩. 学习理论的发展与学习创新 [J]. 高等教育研究，2008（1）：70-78.

获得。由于学习是在一定的情境即社会文化背景下，借助其他人的帮助即通过人际间的协作活动而实现的意义建构过程，因此建构主义学习理论认为"情境""协作""会话"和"意义建构"是学习环境中的四大要素或四大属性。

（二）建构主义学习理论的思想基础

建构主义学习理论主要是以瑞士心理学家皮亚杰和苏联心理学家维果斯基（亦有翻译为维果茨基）的思想为基础而发展起来的。

1. 皮亚杰的"认知建构主义学习理论"（"发生认识论"）

建构主义最早是由瑞士儿童心理学家让·皮亚杰（Jean Piaget，1896—1980）提出的。认知建构主义（cognitive contructivism）以皮亚杰的研究为基础发展而来，主要关注个人内部知识的建构。他坚持用内因和外因相互作用的观点来研究儿童的认知发展的。皮亚杰认为，儿童是在与周围环境相互作用的过程中，逐步建构起关于外部世界的知识，从而使自身认知结构得到发展。儿童与环境的相互作用涉及两个基本过程："同化"与"顺应"。同化是指把外部环境中的有关信息吸收进来并结合到学生已有的认知结构（也称"图式"）中，即个体把外界刺激所提供的信息整合到自己原有认知结构内的过程；顺应是指外部环境发生变化，而原有认知结构无法同化新环境提供的信息时所引起的儿童认知结构发生重组与改造的过程，即个体的认知结构因外部刺激的影响而发生改变的过程。可见，同化是认知结构数量的扩充（图式扩充），而顺应则是认知结构性质的改变（图式改变）。认知个体（儿童）就是通过同化与顺应这两种形式来达到与周围环境的平衡：当儿童能用现有图式去同化新信息时，他是处于一种平衡的认知状态；而当现有图式不能同化新信息时，平衡即被破坏，而修改或创造新图式（即顺应）的过程就是寻找新的平衡的过程。儿童的认知结构就是通过同化与顺应过程逐步建构起来，并在"平衡—不平衡—新的平衡"的循环中得到不断地丰富、提高和发展。这就是皮亚杰关于建构主义的基本观点。

在这些观点中，皮亚杰一方面强调直接经验在学生认知发展中的作用，他认为在解决问题的过程中，学生习得直接经验的同时，理解并适应外在世界的能力增长了，发展随之发生。另一方面也强调社会经验的影响，他的观点是，社会经验使得学习者能够把自己的图式和他人的图式进行比较，当图式相似时，他们仍能维持平衡；当图式不一致时，平衡就被打破，学习者就会调节自己的图式，发展也随之发生。

认知建构主义将个人寻求知识含义的过程视作个体通过与环境的相互作用来检验并重构自己已有的认知的过程。皮亚杰把儿童的认知发展划分为四个连续的阶段：感知运动阶段（0~2岁）、前运算阶段（2~7岁）、具体运算阶段（7~11岁）、形式运算阶段（11~15岁）。每个阶段的秩序不仅是固定不变的，而且代表不同的认知结构和经验，每个阶段都与其前面的阶段相联系。皮亚杰确信，儿童智力增长是连续性的，每个阶段的结构"是先前阶段（结构）的结果，作为下一个阶段的结构整合，为后面的阶段作准备，最后进入下一个阶段，成为本阶段的综合"。当儿童形成新的认知结构时，便有能力进行较高层次的思维。每个阶段都代表着不同的经验、信息和认知结构。

皮亚杰认为儿童是一个主动的个体，经过其自身与环境的互动，而建构自己的经验体系。儿童发展是一个主动建构的过程，既建构他们的智力结构，也建构他们的知识结构。他反对成人的思维灌输，主张应该鼓励儿童的主动探索和发现。

2. 维果斯基的"社会建构主义学习理论"

社会建构主义是认知建构主义的进一步发展，是以苏联心理学家维果斯基（Lev Vygotsky，1896—1934）的思想为基础发展起来的，主要关注学习和知识建构的社会文化机制。社会建构主义认为，虽然知识是个体主动建构的，而且只是个人经验的合理化，但这种建构也不是随意的任意建构，而是需要与他人磋商并达成一致来不断地加以调整和修正的，并且不可避免地要受到当时社会文化因素的影响。也就是说，学习是一个文化参与的过程，学习者只有借助一定的文化支持来参与某一学习共同体的实践活动，才能内化有关的知识。所谓学习共同体，就是由学习者及其助学者（包括专家、教师、辅导者）共同构成的团体，他们彼此之间经常在学习过程中进行沟通交流，分享各种学习资源，共同完成一定的学习任务，因而在成员之间形成了相互影响、相互促进的人际关系，形成了一定的规范和文化。知识建构的过程，不仅需要个体与物理环境的相互作用，更需要通过学习共同体的合作互动来完成。

其中的典型代表是文化内化与活动理论。维果斯基特别强调社会文化历史在人的发展过程中的作用，尤其强调活动和社会交往在人的高级心理机能发展中的突出作用。他认为，高级的心理机能来源于外部动作的内化，这种内化不仅通过教学，也通过日常生活、游戏和劳动等来实现。另一方面，内在的智力动作也外化为实际动作，使主观见之于客观。内化和外化的桥梁便是人的活动。

维果斯基在说明教学与发展的关系时，提出了"最近发展区"的理论。他认为教学必须要考虑儿童已达到的水平并要走在儿童发展的前面。为此，就要确定儿童的发展水平。儿童有两种发展水平：一是现有的发展水平，二是在有指导的情况下借助成人的帮助可以达到的解决问题的水平，或是借助于他人的启发帮助可以达到的较高水平。这两者之间的差距，即儿童现有水平与经过他人帮助可以达到的较高水平之间的差距，就是"最近发展区"。维果斯基强调成人的引导在促进儿童的沟通和理解中的重要性，"最近发展区"就是为确定年幼儿童的学习需要成人帮助的程度。教学应着眼于学生的"最近发展区"，为学生提供带有难度的内容，调动学生的积极性，发挥其潜能，超越其"最近发展区"而达到下一发展阶段的水平，然后在此基础上进行下一个发展区的发展。这一思想对正确理解教育与发展之间的关系，具有重要意义。

维果斯基关于高级心理机能的理论是他建立其他理论的基本出发点，"最近发展区"理论也是建立在该理论的基础之上。他认为儿童的发展是由外部客体内化所带来的低级心理机能向高级心理机能转化的过程，是一种由外向内的过程。

第二节　可持续教育领导力理论

被誉为"领导力之父"的美国当代杰出的组织理论、领导理论大师沃伦·本尼斯（Warren G. Bennis，1925—2014）认为领导与管理有着明显的差别，"领导者是那些做正确的事情的人，管理者是那些用正确的方法做事情的人"。伴随着英美澳等国领导学科的蓬勃发展，对教育领导的研究日趋频繁与成熟，教育领导学也终于从作为隶属于教育管理学的分支逐步走向相对独立，并形成了层出不穷的教育领导理论，使教育领导的研究拥有了独特的学科视角与研究范式。

得益于迈克尔·富兰（Michael Fullan）、安迪·哈格里夫斯（Andy Hargreaves）和迪安·芬克（Dean Fink）等学者的不断摸索和提炼，"可持续领导"统摄了"可持续发展"和"领导"两方面的内容，但绝非两个概念的简单嫁接和相互植入。可持续领导呈现的是一种统整的、深层的、新型的领导理论，建基于深层的道德目标和对深度学习的持续性关注，因而可持续领导旨在解决多向度的而非单向度的领导问题，是对教育领导理论的进一步丰富和完善。

一、可持续教育领导对教学再设计的实践意义

我们的研究缘起于对学科教学再设计现实困境的关注，力求以可持续领导理论为基点，探寻能够促进数学教学可持续发展的持续性领导力所应蕴含的理念和行动，使学科教学可持续领导能实现从理念向行动的推进，使可持续发展的追求能由美好的理想走向现实的可能。

（一）可持续教育领导有助于摆脱"效率"的束缚

现今，所有的孩子似乎都被赶上了超前学习的快车道，"不让孩子输在起跑线上"的口号可谓是家喻户晓、耳熟能详。于是，学

生和家长在学校与补习机构之间轮轴转的现象就成了一种教育常态。由此，效率似乎成了评判教学改革是否合理的标准，教学时间的分配成了长期困扰教师的问题，绩效责任迫使教师不得不快马加鞭地完成机械化教学工作，学生难以获得自主学习和独立思考的时间。

因为如此，哈格里夫斯特别将"耐心"列为可持续领导应具备的一项品质，并强调这种领导应是愿意等待满意的而不是暂时的结果，寻求发展但不期待或要求及时的成功，把学生的成就看作是缓慢形成的产物——努力学习的精神、忍耐经济困难的毅力、抵制暂时的青春期的诱惑，这一切都是为了确保将来更大的成功。

（二）可持续教育领导有利于控制学生厌学情绪的滋生

厌学情绪的滋生会降低学生的学习效率，甚至使学生视学习为折磨，进而选择逃学、辍学，又常引发家庭关系的紧张，还会影响教师的教育热情与教学状态。究其缘由，往往是由于过重的学业负担使得学生疲于应付，没有足够的时间去消化、深化、细化所学习的知识，导致学生的智慧潜能未能得到应有的滋养和生发，致使学生缺乏可持续发展的学习能力。此外，现阶段的教学多为片面强调教师的"教"，且因为重视成绩的快速获得，多采用传递知识、强迫接受，提倡毫无反思性的严格技术性训练，多数学生学习的动力常常是来自父母、老师不切实际的过高要求，"学习的意义究竟何在"越来越成为困扰学生的最大问题。

共同领导是可持续教育领导的重要行动表现。领导不是职位的定义，而是组织成员行动过程的描述，每位成员都是领导实践者，都要自主地承担自我开发与管理的责任，组织实质上是"全民领导"的组织。教师在完成教学设计时，应树立"你我皆可为领导"的分布式领导观，有利于打造教师的专业领导力和挖掘学生的潜在领导力。增强教师和学生对课堂教学过程的自主权，必能弱化教师的职业倦怠与学生的厌学情绪。

二、可持续教育领导的思想来源

可持续教育领导虽为一种新生的领导理论，但建基于多领域理论的启示、演变、推动和积淀，从而得以孕育生成。这既使得该理论获得了深厚的理论根基，又为该理论的衍生性研究提供了广阔的空间。

（一）可持续发展思想的启示

"可持续发展"一词来自于生态学中的"可持续"与经济学中"发展"的联姻。用于解释可持续发展的定义比较多，其中得到广泛共识的是 1987 年世界环境和发展委员会的报告《我们共同的未来》中提出的可持续发展概念——"既满足当代人的需求，又不对后代人满足其需求的能力构成危害的发展"。此概念体现了发展原则、公平原则、可持续性原则、主权原则和共同性原则。

可持续发展的理念最早来源于生态学提出的"生态持续性"，后来延伸、覆盖至人口、资源、环境、社会、经济、科技、政治等诸多方面。可持续发展思想所蕴含的持续性原则作为对发展的积极限制，要求人们在尊重自然的前提下去追求发展。可见，可持续发展思想提倡的不是原地踏步的持续性，而是积极有为的发展性，这与可持续领导所秉持的发展性无疑是不谋而合的。

可持续领导这个相对新颖的概念，在教育领域中的研究主要出现在 21 世纪早期，兴起于北美一些学者的研究中。目前主要的研究成果发端于对大规模教育变革的可持续推进和学校可持续发展的探索之中。教育领域中关于可持续发展的探讨，最初主要聚焦于适应学习型社会的"继续教育""终身教育"。可持续领导理论的形成，既深嵌于学校的组织情境中、又脱胎于日常的教育管理实践，可见，可持续领导理论在教育中的适切性与教育组织管理理论的演变和推动息息相关。

（二）教育领导问题研究的积淀

初次接触可持续教育领导理论的人容易产生一种误解，认为可持续教育领导理论似乎就是众多领导理论的大杂烩，因为在可持续教育领导的形象中我们似乎可以找寻到很多领导理论的身影，如转化式领导、教学领导、道德领导、分布式领导等。其实不然，这恰恰从另一个侧面提醒我们，可持续领导的提出奠基于众多教育领导理论，有着丰厚的理论积淀，而非哗众取宠的新创概念，唯有深入的研究才能领悟其独特之处。

詹姆斯·麦格雷戈·伯恩斯（James MacGregor Burns）在《领导》（Leadership）一书中鉴别了"交易式领导"和"转化式领导"两种领导类型。他认为过去提出的行为理论都是基于"以物易物"的交换方式，是一种被动的、满足成员较低层次需要的领导与管理方式；而转化式领导关注的是建立群体规范，以群体规范引领成员实现组织目标。转化式领导对于可持续领导理论的重要价值在于，它关注到要改变领导者和被领导之间基于各取所需而形成的临时性关系，强调要在个性化的关怀中激发成员的较高动机和创造力，提升他们对欲达成目标的意义和价值的认知，如此才能在组织成员间建立起长期和稳固的关系，实现组织的长远发展。

教学领导的思想精髓被可持续领导理论传承和发展的同时，可持续领导还有力地应对了教学领导研究中存在的若干问题。例如，之前的教学领导内涵过于狭隘，主要关注的是确立目标、配置资源、管理课程、监督教学等方面，教学领导的研究重心过于热衷的是改进"教"的策略，而忽视了校长在"学"方面的领导，并且研究的主体未能摆脱正统的领导研究思路，仍以校长个体为中心。[①]相比而言，可持续领导在这些方面都有所进步，它提倡的是维护和发展全体成员的"深度学习"，强调教师的持续性专业发展，致力于把整个学校建成学习共同体，摆脱"魅力型""英雄式"领导者

---

① 陈永明. 教育领导学［M］. 北京：北京大学出版社，2010：99.

拯救学校的神话。

与此同时，可持续领导理论更多得益于道德领导和分布式领导理论的启示。道德领导视学校这种结构宽松而文化联系紧密的组织为一个学习共同体，通过创造共享的价值观、信仰、理念和承诺，努力寻找领导替身，并鼓励更多的追随者参与领导工作，实现组织各层面的共同领导，增加领导的厚度。① 而分布式领导正是基于学习型组织需要的"去中心领导者"，萨乔万尼提出的"领导者的领导者"而形成的一个新近概念。它突破了科层结构单一领导模式的传统，而将领导职能广泛分布于整个组织层中，释放全体成员的领导潜能。

三、可持续教育领导力的理论内涵

可持续领导力作为近年来逐渐兴起并为学者广为探讨的一个新概念，不仅在工商企业中备受关注并取得了丰硕的研究成果，也被教育界日渐重视且处于理论与实践的初探阶段。对可持续教育领导力理论的研究，只有先把握住其核心概念和理论模型，才易于抓住该理论的本质特征和理念内核。

（一）可持续教育领导力的概念界定

可持续教育领导力的概念是 2003 年由美国波士顿大学的哈格里夫斯和芬克正式提出。他们把它解读为一种广布的和持续的能力，注重责任的分担而不是滥用人力、财力、物力，避免对周围教育造成负面影响。

在哈格里夫斯和芬克的理解中，所谓的"可持续性"是指在问题的解决中，既能够助力于自身的发展，同时对他人即周边环境等不会带来伤害。由此引发学术界对此话题的讨论。如，富兰认为，

---

① 冯大鸣. 美、英、澳教育领导理论十年（1993—2002）进展述要［J］. 教育研究，2004（3）：72 – 78.

可持续领导者不仅是系统思考者，关键还是行动中的系统思考者。基于这样的思考，继而提出，"可持续领导"可解读为根植于人类深层的价值观，并能应对复杂的持续性变革的能力。戴维斯则提出，"可持续性"不是一种现状的维持，而是一种持续性的发展，这种发展需要创造一种持续成功的文化，培育一种个人和集体通过持续改进应对新的挑战和复杂情景时，不损害个体或更广泛群体的利益，从而实现成功的文化。兰伯特则认为，可持续性不是一种状态，而是一种过程，是对学校可持续改进的希望和承诺。可持续性可以被理解为是一种领导职能，抑或是一种特殊的领导，它需要有灵活的自组织能力、高超的对话艺术、深广的领导参与度、重构文化以及确保发展速度的才能。

学者金惠（2013）在综合以上各种观点之后，提出可持续领导是一种道德驱动、价值负载的系统性领导力。这种领导着力于推动个体、组织甚至是整个社会的可持续发展，以维护全体成员的深广学习为根本，并极为重视培养和积蓄持续性的领导力，关注营造能够延续传承、应对复杂性变革的持续性文化。

（二）可持续教育领导力的模型探究

1. 哈格里夫斯和芬克的"十原则模型"

首先，哈格里夫斯和芬克系统性地提出了可持续教育领导力的三个关键方面、七条解释原则、五个行动原则，之后又将七原则模型扩充至十原则模型，这正充分体现出他们思想所历经的不断拓展与完善的过程。

哈格里夫斯和芬克认为可持续教育领导主要通过"培养学习型领导力""实施分布式领导"和"关注领导更替"三个关键方面来实现教育变革的持续推进。基于对这三个方面的深入解析，两位学者又细化出可持续领导应体现的七条原则：①"深度"原则，关注的是可持续领导要想切实发挥作用必须维护和发展所有人深刻的、持久性学习，而非狭隘地仅把考试成绩作为衡量学生学业成功与否的标准；②"长度"原则，强调的是有效的规划领导更替对于培育持续性领导力，实现学校长远目标的重要性；③"宽度"原则，表达的是要构建领导共同体，实施分布式领导的思想；④"正义"原则，意在凸显可持续领导的道德目标，强调要关心所有的学生和所有的学校，而非仅仅是我的学生和我的学校；⑤"多元性"原则，突出应重视营造多样的和包容的环境，通过联合、构建网络体系以避免单纯的标准化和简单的一致性的掣肘；⑥"资源丰富性"原则，则是要求重视开发而不是耗尽人力与物力资源；⑦"保存"原则，主要指应在尊重过去的基础上方能创造更好的未来。

为了深入和完善后续的研究，哈格里夫斯和芬克试图摸索可持续领导的七条原则是如何在实践中具体得以实施的，于是他们又提出了可持续领导的五条行动原则：①"行动主义"原则，强调领导者应积极主动地融入周围环境，要通过个体的、专业的团体建构以有效地应对复杂的环境与挑战；②"警惕性"原则，着重关注对环境的监控，以捕捉危险环境存在的信号；③"耐心"原则，旨在告诉领导者要等待满意的结果而不是急于获得短暂的、即时性成功；④"透明度"原则，强调的是应向所有利益相关者，诚实、公正地公开所有成功与失败的事实的重要性；⑤"设计"作为最后一条行动原则，恰如两位学者设计可持续领导的模型一样，突出的是要坚持以人为本，设计出具有个性化、易理解、具有灵活性，避免标准化与机械化的行动策略。而这五条行动原则中的前三条，其后又被两位学者作为对七原则模型的扩充而发展成为可持续领导的十原则模型。由此可见，哈格里夫斯和芬克关于可持续教育领导力的这些观点是相互补充、内在关联的，也体现出他们思想内在一致的发展性。

2. 其他学者的可持续领导模型

除"十原则模型"之外，其他学者也有构建出融入自身理解的可持续领导模型。比较典型的主要有：富兰（2005）提出的作为"行动中的系统思考者"的八因素模型，希尔（2006）总结的持续性领导的十条原则，兰伯特（2003）描绘的高领导力学校中领导具备的六点特征，戴维斯（2007）归纳的实现可持续领导的九个关键因素，以及霍普金斯（2007）构建的融四大关键驱动力于一体的系统领导模型。

这些学者的很多观点与哈格里夫斯和芬克两位学者的提法有着相通的精髓。并且，这些学者之间也存有较多共识性的认知。例如，他们都十分强调可持续领导内含的教育价值和道德目标；关注短期目标与长期目标之间的平衡；维护深度学习，提倡构建学习共同体；着眼于能力建构，要求实施分布式领导；发展持续性领导力，重视规划领导更替；提出要建立智慧型绩效责任等。

综上，每位学者架构的可持续领导模型，大部分要素具有较高的相似性，各模型间存在着可供相互借鉴与融合的地方，不同的表述下实则阐发了一些共通的理念，这无疑有助于我们较为精准地把握可持续领导理论的核心理念。总体而言，这些学者都十分重视可持续领导在教育领域中应根植的道德目标和价值信念，并视其为可持续领导的灵魂所在。同时，学者们善于从一个整体的视角而不是一些细节性的行为表现或业绩指标来考察学校的持续性发展与可持续领导，从而提出了融合不同层次的系统思考与行动策略，实现了对可持续领导理论在整个教育系统的大图景中的阐释与深化。

（三）可持续教育领导力的多维视角

目前，学界对可持续教育领导力的研究并不多，对可持续教育领导力的内涵与外延也没有达成共识，呈现出多维视角。

1. 过程视角：强调共享

过程视角下的可持续教育领导力强调的"可持续"不仅仅是指领导权力在个体间的替代延续，更关注领导权力的分享，实施共同领导或同侪领导。其关键是依靠学校不同的多个个体来完成各项工作，提倡在没有损害学校发展环境和他人利益的情况下实现变革，持续引领学校发展。哈格里夫斯和芬克（2006）认为只有可持续领导力的理念被学校教育人员所接受，内化为学校共享文化愿景，并用心实践，建立起组织多样性的教育环境，尤其是注重创造和保护可持续的学习，学校才能发展可持续经营的文化。①

2. 伦理视角：关注发展

伦理视角下的可持续教育领导力聚焦于组织和人的发展，强调教育领导力的内适性（实现个体发展）和外适性（促进社会发展）。英国学校领导教育学院从伦理的视角出发，阐述了可持续教育领导力所应具备的强烈而坚定的道德责任，强调以维护所有教育相关者的利益为责任，以提升深广学习为目的，持续更新、发展是可持续教育领导力的核心概念。②

3. 结构视角：注重要素

结构视角下的可持续教育领导力主要是通过分解领导力的组成要素，从构建领导力的模型出发，研究可持续教育领导力的内涵。例如，台湾学者把校长可持续领导力分解为深广学习能力、分布领导能力、社群联结能力、资源凝聚能力和延续传承能力五大指标，据此编制了国民小学校长可持续领导力指标量表。③

4. 综合视角：三维模式

有学者认为"可持续"的概念应包括道德、时间以及空间上的议题。④"可持续教育领导力"应从公正性、延续性、共同性等三条原则出发，实施公正领导、延续领导和共同领导。公正领导是可持续教育领导力的灵魂，起着统领性作用。延续领导是指学校领导者在办学资源的承载力和社会规制的范围内，正确处理好代际领导、跨代领导的问题。共同领导是指在空间横断面上，树立"你我皆可为领导"的分布式领导观，通过培育校长的团队领导力、教师的专业领导力和学生的潜在领导力，构建学校立体的梯队式领导共同体。

① ANDY HARGREAVES & DEAN FINK. Sustainable leadership［M］. San Francisco：Jossey – Bass，2006：17.

② NCSL. Driving Leadership（recoding transcript）– Case Study 3：Sustainable leadership［EB/OL］. http：//www. nvsl. org. uk/.

③ 高慧荣. 建构国民小学校长永续领导能力指标 协助校长角色定位［C］//台中教育大学. 2008 中小学校长专业发展学术研讨会论文集，2008：73 – 99.

④ 何华宇. 可持续教育领导力：背景、内涵及行动提升［J］. 教育发展研究，2010（2）：45 – 50.

第三章　小学数学化教学情境的再设计

建构主义学习理论认为，知识不是通过教师传授得到的，而是学习者在一定的情境即社会文化背景下，借助其他人（包括教师和学习伙伴）的帮助，利用必要的学习资料，通过意义建构的方式而获得。因此建构主义学习理论认为"情境""协作""会话"和"意义建构"是学习环境中的四大要素；学习者个体的知识既不是预先生成的也不是完全来自经验，而是来自主体与客体的相互活动中。

建构主义强调创设有利于学生建构意义的教学情境，这是教学再设计最重要的内容之一。

第一节　开课情境的再设计

开课的情境导入，是一节课的开始。在新的教学内容或教学活动开始之前，老师有意识、有目的地设计的教学情境环节，直接影响课堂教学质量。其设置的目的一般是明确目标、建立新旧知识的联系，以激发学生学习的动机，[1] 激活学生已有的生活经验和数学经验，降低学习难度。

"数学化"是用数学的方法观察分析现象，发现规律的过程。在"数学化"活动过程中，学生激活并利用已有生活经验和认知结构，经历信息的筛选、整合与应用，完成以数学活动为载体的思维过程。数学化的开课情境导入，其实质是激发学生数学地组织现实世界的过程，其设计的路径应该基于数学化的视角，以情境性问题

---

[1] 沈俊. 基于"儿童数学"的情境导入［J］. 教育研究与评论（小学教育教学版），2016（2）：39－43.

为起点，从学生已有知识经验出发，通过"数学化"的抽象概括过程主动建构数学知识。

一、开课情境的界定

数学课堂开课是教学的基础环节和起始环节，会影响其他环节的作用发挥。关于开课情境的内涵和功能，国内外有不同的论述。

（一）开课情境的内涵

在开课方面，刘振山先生对课堂导入的定义是："导入是教师在新的教学内容或教学活动开始时，引导学生进入学习的行为方式。通过导入这一环节，能够起到承上启下、开宗明义。"①

从心理学角度看，课堂导入是一种"首因效应"，实际上就是指"第一印象"的作用。当不同的信息结合在一起的时候，大家总是倾向于重视前面的信息。这种优先效应作用强，持续时间长，一旦产生便极易形成思维定式。黄若林认为，通常把教学分为心理准备阶段、感知理解阶段、理解知识阶段、巩固知识阶段、运用知识阶段、检查和评价阶段这六个基本阶段，而教学中的"首因效应"就产生于心理准备阶段。②

从美学角度看，元代文人乔梦符提出文章要有"凤头""猪肚""豹尾"。许多优秀教师都认为，课堂导入是一门动态、有声、有色的综合艺术，这充分说明好的开头要像凤头那样美丽、精彩。

从教育学的角度看，建构主义者认为知识不是绝对的真理，而是一种意义建构。学习的主体是学生，知识是由每个儿童基于原有的知识经验独立建构的。导入环节，教师要通过联系生活实际来创设数学问题情境，有效地通过活动的方式帮助学生获取数学知识，

---

① 刘振山. 教研手册［M］. 北京：华夏出版社，2001.
② 黄若林. 历奇教育在课堂教学导入中的"首因效应"［J］. 广东青年职业学院学报，2010，24（3）：91－95.

不断建构认知结构。

在情境方面，古希腊教育家、哲学家苏格拉底最早提出教学情境创设，其提出的"产婆术"就包含了丰富的教学情境创设思想，通过不断的追问与诘难，促使学生进入主动思考、思辨的状态。捷克教育家夸美纽斯在《大教学论》中也提到情境对教学的重要性，他认为愉悦的氛围能够吸引学生，教师要给学生创设愉悦的教学氛围，这样学生才喜欢走进学校、走进课堂。我国古代的教育家孔子虽然没有系统论述课堂教学情境的创设，但他提出的"性相近，习相远"，蕴含情境与教学的因素，强调教学氛围对于学生学习的重要性。中国著名语文教育专家李吉林老师提出创设教学情境要讲求方法，成为完善情境教育理论的第一人，并且他提出了情境教育理论、开发了情境课程、创立了情境教育学派。[①]

总而言之，小学数学课堂开课情境是教师在讲解新知或教学活动开始之时，有意识、有目的利用多种教学手段，引导学生主动参与课堂教学活动，师生共同营造的教学氛围。良好的开课情境能吸引学生注意力，充分调动学生学习的主动性和积极性，启迪学生思维，是提高学科课堂教学实效的重要途径。

（二）开课情境的功能

20 世纪 70 年代，C. 特耐（C. Turney）等人首先提出导入的功能为引起注意、激起动机、构建教学目标、明确学习任务以及建立联系。[②] 王宝大等编著的《导入技能　结束技能》一书中指出导入的作用是激发、诱导和总领，其特征在于启导性、概括性、定向性，并对导入类型和设计提出了要求。还有学者认为"境"能生"情"。在课堂教学中，教师创设良好的教学情境来开展教学活动，能够帮助学生实现课前定下的学习目标，能够让学生变得更有兴趣、更有活力，能够帮助学生学会客观地看问题。

---

① 李吉林. 情境教育的诗篇［M］. 北京：高等教育出版社，2004.
② 王松美. 中学英语课堂教学技能训练［M］. 长春：东北师范大学出版社，2003.

许多专家和学者用大量的文章阐述课堂教学开课导入的功能，普遍认为：①在学习新内容前，最重要的是引起学生注意；②求知欲是学习动机激发中最活跃的一个；③学习目标明确，有助于有意义学习的进入；④建立新旧知识的联系可以帮助顺利实现新知识的理解和掌握。

在对前人文献分析整理的基础上发现，体现学科教学特点的导入较少，没有很好地考虑学生所在年龄阶段的学习特点。而小学数学学科导入大多是教师的经验总结，停留在经验表层的归纳，缺乏理论支撑，未能体现数学学科特点和儿童数学学习特点。

因此，基于数学化视角，我们必须对开课情境进行再设计，促使小学数学课堂实现从设置教学目标向总领学习目标、引发有意注意向激发学习动机、创设生活情境向唤醒认知冲突的转化。

二、开课情境再设计的价值要求

（一）从设置教学目标向总领学习目标转化

皮连生在《智育心理学》中提出目标导向理论：设置合适的教学目标是促进教学科学化的最重要一步，教学目标有导学、导教和导测评的功能。他认为，开课环节明确陈述目标有助于指引学生的学习，使学生把注意力集中在预期达到的目标上。他还提出目标表述要遵循三条原则：①目标应陈述预期学生要获得的学习结果；②目标陈述有助于实现三个导向目标和交流功能；③目标陈述应选择适当的分类框架。

美国教育家奥苏贝尔也说过，当教学目标能够起先行组织者的作用时，我们将期望它们会促进有意义的学习，从而促进学习的长期保持。[①]

---

① 奥苏贝尔. 教育心理学——认知观点 [M]. 余星南，等译. 北京：人民教育出版社，1994.

受课程标准三维目标的影响，部分教师把"过程与方法"列为教学目标，把教学过程作为目标，把单元目标直接作为课时目标；目标表述模糊，表述上以教师为主体，缺乏时间、数量、质量方面的行为要求；目标表述忽视内在能力和情感变化的要求。这样，教学目标并没有落实到学生的学习策略、学习结果和情感变化上，不能进行任务分析分解，难以发挥目标的三个导向作用。

学习目标是每册、每单元、每节课要达成的目标，是高效课堂的方向盘，指引教师教学和学生学习的方向。因此，一节课的开课需要围绕学习目标展开，教师在导入环节中迅速向学生说明学习内容、目标和任务，有利于学生明确自己努力的方向，在理解的基础上学习新知识。在提出学习目标时，要以学生为主体，陈述应该力求明确、具体、可测、简洁。例如用长方形面积公式计算所给长方形的面积，不能陈述为"帮助学生学习长方形的面积公式"或者"通过……使……"，这样行为主体是教师。正确的陈述应该是预期学生学习的结果，如"学生能运用长方形的面积公式进行计算"。

学习目标要引领课堂教学的全过程，上课开始时可以解释目标，探究交流活动要围绕目标，课终反思评价要回应目标。学习目标的确立对学生的学习有一定的导向作用，但由于学生对目标中出现的新名词或知识缺乏认识基础，理解时可能不会有太多体会。所以，导入环节不宜生硬展示，应灵活引导。

（二）从引发有意注意向激发学习动机转化

有意注意是有目的、需要一定意志努力的注意，是人所特有的一种心理现象。[①] 实际教学中引起学生有意注意是保证教学成功的一个重要条件。有意注意的发生需要个人意志努力，如果仅仅停留在注意的这种表征层次，缺乏深层次的动机激发，则难以让学生长时间地保持有意注意，即学生难以参与到复杂的数学化探究过程中，并在枯燥的数学概念和理性的逻辑思维中保持高质量的注意

[①] 夏菌，赵吉娥. 基础心理学 [M]. 北京：科学普及出版社，1994.

水平。

莫雷的《教育心理学》中提到："学习动机是指激发个体进行学习活动、维持已引起的学习活动并致使行为朝向一定的学习目标的一种内在过程或内部心理状态。"[①] 学习兴趣是学习动机中最活跃的因素，是推动学生主动学习的内动力的第一要素。激发学习兴趣是开课情境中最重要的功能之一。一个好的课堂教学导入能使学习者产生学习兴趣，保持愉悦心情，不会感觉到疲惫、乏味，真正动脑、动口、动手参加学习，完成学习目标。

基于数学现实是数学化的特征，课堂教学导入情境是连接数学与生活的桥梁，是帮助学生产生认识兴趣和学习动机的工具。[②] 教师在上课伊始设计有吸引力的情境，能使学生产生好奇心和求知欲，吸引其一直进行寻找和探索数学知识的答案。如果课堂教学不能有效地激发学生的学习动机，学生可能会认为数学没有趣味、没有意思，慢慢地对数学失去兴趣，逐渐偏科。

（三）从创设生活情境向唤醒认知冲突转化

受"儿童数学""生活数学"的理论影响，无论什么课、学生什么基础，开课都是"情境导入"。固然，通过情境能有效吸引学生注意，激发学生兴趣，但是有些课堂却"为情境而情境"，忽视现实情景背后的数学问题，使课堂教学缺乏"数学味"，费时费力，影响教学效果。

奥苏贝尔认为，"影响学习的最重要的因素，就是学习者已经知道了什么。要探明这一点，并应据此进行教学"。皮亚杰认为，学生的学习是同化、顺应的认知建构过程。也就说明了，数学学习的过程是学生对于旧有认知结构的否定和重构的过程，认知的否定重构为知识的再发展提供了动力。对于一节课的结构来讲，情境导

---

① 莫雷. 教育心理学［M］. 广州：广东高等教育出版社，2002.
② 涂荣豹，王光明，宁连华. 新编数学教学论［M］. 上海：华东师范大学出版社，2006.

入处于重要的起始环节，它是唤醒冲突、冲破藩篱的最佳时机。好的情境导入要吸引学生进入轻松的学习环境，自然引发学生的认知"冲突"。

认知冲突产生的关键是"问题"，问题是有意义学习情境的重要特征之一。数学化的过程需要学生在复杂的情境中提出与本节课核心内容相关的问题，而这个问题不能用个体头脑中已有的知识解决或者与头脑中已有知识相悖，这样心理就会处于"不平衡"状态。为摆脱"失衡"的心理倾向，学生产生解决问题的需要和动机，这种动机推动其解决问题，从而使他们进入到课题的学习中。导入环节的问题，应该是学生想解决而暂未能解决的问题，以引起认知冲突，吸引学生进一步学习。

三、数学化视角下开课情境再设计的路径

（一）基于学习目标的实现

【案例一】《年月日》

上课伊始，教师通过课件出示聂海胜的画像，提出为同学们带来了一个新朋友。

接着，播放神舟十号发射的课件，提示学生：让聂海胜带我们去看看神舟十号发射时的情景。

画外音：神舟十号载人飞船的顺利发射和成功返回，是我们国家航天史上的一件大事，是我们中国人的骄傲，让我们共同记住这个难忘的日子——2013年6月11日，这一天，我们揭开了探索宇宙的新篇章！

师：2013年6月11日，这句话中有三个时间单位，都是什么？

生：年、月、日。

师：今天我们就来一起学习年月日的知识（板书课题），关于年、月、日，你们已经知道了哪些知识？

生1：我知道2008年奥运会在北京召开。

生2：我知道1949年10月1日中华人民共和国成立。

师：注意，老师说的是关于年、月、日，你们知道了哪些知识。

生3：我知道神舟五号的发射时间是2003年10月15日。

生4：我知道每年6月1日是儿童节。

师：好，请同学们拿出年历，仔细观察，看看你有什么发现？

【评析】这是小学三年级的课例片段。有教师认为这样的开课导入创设了生动的情境，激发了学生的学习兴趣，又结合时事对学生进行了思想教育。但是作为旁观的我，却不能认同，这样的情境导入有没有从教学目标出发？

课始，教师用了足足3分钟的时间介绍新朋友、播放神舟十号发射的课件，引出历史性的时刻——2013年6月11日，让学生找出时间单位，导入新课学习。表面上看，引入和学习内容相关。实际上，这样的引入对学生产生了误导，认为这节课研究的是某一有意义的历史性的一天。"2013年6月11日"表示的是具体的时间，教师费时费力得到的年月日三个字，对理解时间单位并没有帮助。所以，当教师提问"关于年、月、日，你们已经知道了哪些知识"时，学生跑题了，再次启发后也没有纠正过来，最后只好放弃了解学生已有知识经验的计划，直接让学生到年历中发现年月日的奥秘。这样的开课情境，表面热闹，实际课堂效益低下。好的情境导入必须能和教学内容融为一体，服务于教学目标的实现，这样才能激发学生探究的欲望，促进学生有意义建构。

另外，教师希望通过神舟十号发射对学生进行爱国主义教育，效果却不佳。千篇一律、单调乏味的情境导入费时费力，贴标签、说教式的灌输并不能帮助学生达成情感态度价值观等方面的目标。这一目标的达成需要学生在观察、思考、对比、交流中感悟。

因此，生动真实、有意义的情境创设应该从教学目标出发，少一些盲目，多一些思考和选择，形式是为内容和目标服务的。

【案例二】《找规律》

（1）考记忆力的小游戏：3 秒钟内记住 10 朵花的摆放顺序。（分 2 组次第出示）

（2）对比"有规律"和"没有规律"的两组花朵，引出课题"规律"（板书：规律）

（3）小结：有规律摆放的图形不仅便于记忆，还能带给我们美的享受。比如：节日里各种美丽的彩灯、彩旗的排列都是有规律的。（出示课件）今天，我们就来一起用数学的眼光，在生活当中去"找"规律。（板书：找）

【评析】本案例的学习主题是"探索给定图形或数字中简单的排列规律"。学习前，一年级学生对生活中的"规律"已经有了许多感性的认识，在识数、认识图形、整理 20 以内加法表等活动中，初步体会了规律的存在。教学中，通过游戏提供富有趣味性、开放性的素材，让学生感知有规律的事物是便于记忆的，培养学生发现数学规律美的意识。情境成为学生"数学化"的桥梁，沟通了经验世界和数学抽象世界。

受传统的教学观念影响，教师往往轻过程而重结果，较多关注知识的掌握而忽视了掌握知识的过程。反映在情境导入环节中，就是存在脱离生活实际、导入方法单一、流于形式、难以激发学生兴趣和促进教学目标达成等弊病。往往就是设置几道练习题、简单回顾学习内容、堆砌概念与公式等，这样使学生对逻辑性强的数学学科更加望而生畏，难以引发学习兴趣。数学学习远离生活实际，没有让学生经历"过程的教育"，没有积累数学化的活动经验，数学教学活动流于形式，缺乏生活基础的数学让人感到枯燥乏味。

数学化的开课教学是以生活数学为基础的，让学生感到数学学习源于生活又用于生活。"数学是人们对客观世界定性把握和定量刻画、逐渐抽象概括、形成方法和理论，并进行广泛应用的过程"。① 数学的课堂教学导入，需要必要的生活情境，需要让学生利用自己的生活经验"解读"数学现象。当数学和学生的实际紧密联系，就能唤起学生原有的生活经验，使学生觉得数学学起来生动有趣。

数学化的开课情境不仅只重情境，也是为学习目标的实现服务。教学情境是学科知识体系与学生认知基础的结合体，是为了实现书本知识与儿童世界的沟通，实现儿童原有认知与未知世界的沟通而搭建的桥梁。情境的趣味性是必要的，但还要关注其是否能引发学生的认知冲突和真正的数学思考。开课情境创设，应该以促进学习目标的有效达成为目的，以激发学生问题意识为导向，合理选取情境素材，设计数学教学活动，沟通学生经验和数学知识之间的关系。

（二）基于学习动机激发

【案例一】《认识 1–5》

师：小朋友们，今天我们来学认数——认识1，2，3，4，5。

师（板书）：认数。老师话音刚落，下面就有几个小朋友趴在桌子上面，一副很郁闷的表情，嘴里还小声说："哎呀，我们都学过了，都会了。"接下来学生都表现出一副无精打采的样子，不愿参与到学习之中。尽管老师不停地提醒：小小手放放好，小小腰挺挺直，小小眼看黑板；坐如钟，挺腰板，看黑板。但也只是在她提醒的时候小朋友才会抬起头，之后就又沉浸在动画世界或者自己的幻想之中了。

【评析】该案例中，教师讲课很认真，内容准备也很充实，但是始终有部分小朋友不参与学习活动。教师有进行课堂导课的行为，但是导入环节缺乏有效性。开课伊始，匆匆一句话进入新授环

---

① 教育部基础教育课程教材专家委员会. 义务教育数学课程标准（2011 年版）解读［M］. 北京：北京师范大学出版社，2012.

节，未能将学生的精神引入学习状态，学生还沉浸在课间的玩耍活动中。本节数的认识，学生在生活中已经有了很直观的认识，会读数和数数。在教学时没有充分考虑学生原有的生活经验和认知基础，也没有考虑低年级学生的心理特点，学生认为已经学过了，学习行为有所抵触，教师设计的开课导入没有基于学生的最近发展区，没有激发学生学习的动机，所组织的导入情境未能促进教学目标的实现和教学内容的达成。

兴趣是学生学习的动力，在教学中，一方面有的教师忽视学生的年龄和认知特点，不重视导课环节或导入不得法，学生的兴趣"千呼万唤不出来"，以致数学课总是和抽象、枯燥、单调挂钩；另一方面却是在导课环节追求热热闹闹，无论学生如何回答，总有廉价表扬或物质奖励，似乎只有这样，学生才会兴趣高涨。课堂学习过程应该是学生的积极情感体验的过程，课堂上的学生应该是自由、充实、快乐的。

【案例二】《周长》

同学们，现在是什么季节？（学生齐声回答：春天）。对了，春天已经到了。春天是个万物复苏的季节，春暖花开，一片生机盎然的景象，躲过了冬天的寒冷，小动物们都跑出来想晒晒太阳，就连躲在洞穴里的小蚂蚁也跑出来想活动活动。下面我们一起来看看小蚂蚁在做什么？

课件动画：小蚂蚁运动情境图。

师：小蚂蚁在做什么呢？

生：小蚂蚁在围着树叶跑。

师：那哪位同学愿意到前面来指一指小蚂蚁的运动路线？（叫一名同学到前边演示）同学们说他指得对吗？观察得真仔细。

师：刚才这位同学是用手指出了蚂蚁的运动路线，那么谁又能用一句话来描述一下小蚂蚁的运动路线？

生：小蚂蚁绕着树叶爬了一周。

师：一周，这个词用得非常好，树叶的一周，那一周又是什么意思呢？大家看下面这两只小蚂蚁爬的路线是树叶的一周吗？（播放动画）绕着树叶的什么地方爬我们才说它是树叶的一周呢？

生：边线。

师：非常好，首先要绕着树叶的边线爬，还有呢？

生：从哪一点出发，又要回到这一点结束。

师：说得真好，同学们都发现了，小蚂蚁从树叶叶柄上的一点出发，沿着树叶的边线绕了一圈，又回到了这一点，这才是树叶的一周。

【评析】《周长》是三年级上册第三单元的起始课，也是学生学习平面图形周长的基础。它的学习基础是三角形、平行四边形、长方形、正方形等平面图形。学生只有对周长的概念做到真正的理解，才能很好地解决周长的计算、测量及应用等问题。

导入环节中，通过学生对问题的敏感、好奇，教师设计了一系列的蚂蚁动画情景引入，把对周长概念的建构过程分解成几个阶段，循序渐进，让学生感知"一周"，使学生在环环相扣的探索活动中思考和体验。学生在观看动画的同时，逐步建立对周长的认知，激活了学生的学习热情。

数学化思想关注学生思维参与的深度和广度，也关注学生学习动机的激发。学习动机指引注意的方向，影响信息加工的方式，进而影响学习的进程和效果，对学生以后的数学学习起到迁移和泛化的作用。教师可以根据教材和学生的特点，设计生动有趣的谈话、故事或者游戏来导入新课，激发学生的学习兴趣。

（三）基于认知冲突制造

【案例一】《梯形面积》

多媒体演示一辆汽车在碰撞中前面的挡风玻璃碎了的场景。

师：同学们，刚才看到了什么？应该怎么办？换玻璃需要考虑什么？

生1：先量出玻璃的有关数据。

生2：还要算出这块玻璃的面积。

多媒体显示：汽车挡风玻璃的形状是一个梯形。今天我们来研究梯形的面积计算公式。（板书课题）

【评析】本案例创设了汽车挡风玻璃破碎需要重装的生活情境来引入要学习的新知识。从表面上看，体现了《义务教育数学课程标准（2011年版）》的理念——让学生在生活情境中探索新知。实际上，在现实生活中配一个长方形的玻璃只需要量度长和宽即可，在计算玻璃的价钱时才需要进行玻璃面积的计算。也就是说，这一情境不能很好地联系生活实际和激发探究梯形面积的作用。另外，在配汽车玻璃这一事例中，只需要根据汽车玻璃的型号进行置换就行了。这说明情境创设不符合生活实际，流于形式，于教材内容缺乏针对性。

数学的课堂情境创设是为学生学习数学服务的。目前，教师在实现生活化的数学课堂中，努力提取生活素材，却容易流于形式，牵强附会，情境创设丢教材于一边，脱离学生知识经验。在吸引学生的注意力、提高学习兴趣的同时，更重要的是在情境中让学生用数学的眼光关注情境，为数学知识和技能的学习提供支撑。"体验数学活动充满探索与创造，感受数学的严谨性以及数学结论的确定性"，更好地服务于教学目标和教学内容。好的生活情境是生活经验的浓缩，能体现学生最近发展区的探索需求。

皮亚杰认为，新知的学习是对于旧有认知结构的否定和重构。当学生自身知识与所要理解的对象发生认知不"平衡"时，这种不平衡就为知识再发展"提供了动力"，唤起对旧有认知的重构。对于一节课的结构来讲，开课情境是唤醒认知冲突的最佳时机。情境导入要能激发学生的兴趣和认知冲突，让学生愉悦地进入学习。

数学化的过程是学生数学知识的"再创造"过程。当原有的知识、方法不能解决新数学问题时，认知冲突就产生，学生也就有了探究的欲望，促进学生数学现实的改造和再创造。情境导入的设计要把握好认知起点，制造"有利冲突"，在"呈现（发现）矛盾——分析矛盾——解决矛盾"的过程中，唤起学生的学习需要与求知欲。

【案例二】《除数是整数的小数除法》复习导入

1. 笔算：$26 \div 4 = 6 \cdots\cdots 2$；

2. 小结：26 没有除完，余下 2，像这样可以用有余数的形式表示计算结果。

3. 呈现情景，引出问题：一箱饮料 4 瓶共 26 元，每瓶多少钱？

【评析】本案例中，教师安排的笔算练习"$26 \div 4$"，使学生激活可以用"有余数的形式表示整数除法计算结果"的旧知。然后教师借助于"一箱饮料 4 瓶共 26 元，每瓶多少钱？"的现实情景，使学生认识到：同样是整数除以整数式题，以前的结果是整除和有余数，但现在饮用水的单价取近似数或者带余数，都不能满足题目对结果的要求。课的导入呈现矛盾，制造认知冲突，让学生体会学习小数除法的必要性。

显然，当旧知不能解决面临的新数学问题时，矛盾就出现了，同时激起了学生探究的欲望，并使学生带着问题学习新知识，实现认知的新平衡。这样处理，有利于调动学生的学习积极性，激发学生的学习兴趣，使之深刻体会学习相关数学知识的必要性，促进学生自身结构的"冲突——平衡——再冲突——再平衡"。

（四）基于新旧联系的生发

【案例一】《认识乘法》

开课时，教师创设了一个生活情境——"动物园一角"的画面。让学生观察画面并提问"你发现了什么？"学生观察后踊跃发言。

生1：我发现这儿很好玩，有小动物、房子、大树、白云、河流和小桥。

生2：我发现小河的水还在不停地流动。

生3：我发现小河里还有鱼儿在游。

生4：我发现小兔在开心地跳。

可是，10分钟过去，学生还在不断有新发现，教师还在不断肯定和提问。

【评析】案例中，教师为了引导学生认识乘法，加强数学与生活的联系，创设了"动物园一角"的生活情境，确实激发了学生的兴趣。但是，十分钟后师生还纠缠在"发现什么"上，没有真正进入到数学学习的正题，数学课变成了看图说话课。过多的生活"诱惑"，浪费了学生宝贵的学习时间。

其实，在出示情境图后，教师只要提问：图上有几种动物？（两种，鸡和兔）它们各是几只几只在一起的？（兔是每2只在一起，鸡是每3只一堆）接着引导学生2只2只地数小兔，3只3只地数小鸡，然后让学生想办法求小鸡和小兔各有几只。这样学生就能在问题情境中有效地捕捉数学信息，初步感知"几个几"的生活现象，为接下来的乘法做好必要的准备。

建构主义认为，学习是与"情境"相联系的。在实际情境中学习，可以促进学生有意义的理解。数学课上的情境创设，应该有利于学生用数学的眼光观察生活现象。只追求表面的情境热闹，反而会影响数学思维的发展，干扰学生对知识的理解和掌握。可见，创设情境并不是说所有的内容都要在生活中找到原型，但一定要基于数学现实，即学习内容和学习起点。

现在教学中有种流行做法，无论什么课，学生什么基础，开课没有情境导入就不是一堂好课。这体现了当下新课程改革的导向作用，开始有意识地还原数学知识的生活背景，把书本上的知识放在生活中来学习，让数学生活化；同时也开始关注学生的生活，讲究生活与数学的交融。但是强调表面的热闹，过多关注数学以外的情境，这和数学课堂的本义相违背，不利于学生获取数学知识、形成数学思维。生活化情境是一种辅助手段，关键是让学生数学化现实问题，即将现实问题抽象概括成数学问题，并用数学知识解决生活问题。

　　新课教学前复习的目的，一方面是通过再现激活学生原有的相关知识，另一方面是为新知学习分散难点。教师往往为了教学顺畅，设计了暗示性的问题，学生无须探究太久或稍加尝试，就可以得出结论。这样把知识嚼烂的"铺垫"不利于学生体会"数学化"的过程，也不利于培养学生主动获得知识的学习能力。可见，创设开课情境与复习铺垫并不矛盾。

【案例二】《多边形的内角和》

　　（1）出示一幅含有各种多边形的图画。提问：你能找出里面有哪些图形吗？

　　根据学生的回答，课件闪现轮廓，勾描出以上图形，老师指出：这些图形我们把它们统称为多边形。

　　（2）揭示课题：今天这节课我们要研究的就是多边形的内角和。看到这个课题，你想知道什么？（根据学生的回答，选择性板书：①什么是多边形的内角？②多边形的内角和与什么有关？③多边形的内角和公式是什么？）

　　我们已经知道了三角形的内角，那么你们能找出这些图形的内角吗？（根据学生的回答，课件一个个地闪现出所有图形的内角。）

　　（3）提问：三角形的内角和是多少度？是怎样推导的？

　　课件演示推导方法。（①用量角器把三个角量一量，再加起来；②把其中的两个角撕下来，和第三个角拼在一起，正好是一个平角；③用两个完全一样的直角三角形，拼成一个长方形，因为长方形的内角和是360度，所以一个直角三角形的内角和就是180度。）

　　师小结：量、剪拼、转化。

　　【评析】本案例是在学生已经认识三角形、长（正）方形内角和以及用字母表示数量关系和数学规律的基础上开展的一次探索规律活动，它作为一道习题出现在六年级下册整理与复习的数学思考中，是课堂教学的一种巩固和提升，所运用到的数学思想和积累的数学活动经验，将为初中进一步的学习探究奠定扎实的基础。导入环节的设计，不仅唤起学生新旧知识的联系，还引导学生对已有数学活动经验和数学思想的复习，为新知的探究下作铺垫。另外，导入环节让学生自己提出问题，既培养了学生提出问题的能力，又明确了本节课的学习目标，为学生的新知学习提供有目的的引导。

数学是高度概括的"生活"，课堂上还原生活，是为了勾起学生的回忆，更好地用数学的眼光观察生活。数学课堂更关注的是"抽象"，关注学生在生活情境中理解数学、应用数学。数学教学要让学生知道数学的由来，我们的"生活化"是为学习"数学化"服务的。生活化情境的导入设计要有选择性，应该是有意义的、富有挑战性的、有数学味的。

纵向的数学化强调"数学知识内部的迁移和调整"，是以已有的数学知识为基础进行分析、演绎和推理，从而生成与抽象数学知识之间的联系。学生的学习过程是新旧知识联系和同化的过程，不受学习者原有认知结构影响的学习是不存在的。在一节新授课中，导入新课起到"承旧引新"的桥梁作用。教师基于教材而精心设计的知识铺垫，能突出重点，突破难点，从而架设新旧知识的联系。

第二节　核心知识（重难点）教学情境的再设计

核心知识教学情境，是一节课的关键环节。核心知识是指结构明确，适用范围广，自我生长与迁移能力强的基础知识，在数学课程中处于非常重要的、不可或缺的基础地位。[①] 核心知识是培养学生数学关键能力，提升数学核心素养的重要载体。

"数学化"的核心知识情境环节，是在纵横联结的主框架下，

---

① 魏光明. 走近数学"核心知识"教学［J］. 江苏教育（小学教学版），2011（1）.

削枝强干，以核心知识为主体，引导学生经历自主探索、主动建构的过程；是领悟知识的连贯性和思想方法的一致性，实现"已有知识经验—形式数学化—数学认知结构"的转变过程。其设计的策略是：①通过单元整体设计和实施，丰富活动经验，实现现实问题数学化；②感悟数学思想方法，实现数学内部规律化；③经历建模过程，实现数学知识现实化；④活化微课技术，实现教学手段多元化。

一、核心知识教学的内涵和外延

教育改革是探索减负增质、提高教育质量、促进学生发展的道路，而课堂"增效"的有利途径是重视核心知识在小学数学课堂教学中的地位。《国家中长期教育改革和发展规划纲要（2010—2020年)》指出，要合理设计课程内容，大力发展学生的创新精神和实践能力。可见，我们的数学教学要精选学习内容，重视"核心知识"教学。

（一）核心知识教学的内涵

美国弗吉尼亚大学教授希尔斯于 1987 年出版的《文化知识：每个美国人需要知道的东西》一书中最早提出关于核心知识的概念。他认为，"核心知识"是"倾向于向学生提供保存西方文明的基本传统所必需的语言、知识和价值观念的改革热情"的知识，即"文化素养"，具有"共享、稳固、序列和具体"的特征。核心知识的载体是核心知识课程。其提倡的核心知识运动，使美国的中小学生对于基础知识的掌握有了很大的进步，对于文化认同也提升到新的高度，在一定程度上解决了美国基础教育学业成绩低下和教育明显不公正等问题。

我国对于教什么知识和怎么教知识的理论研究比较少，近几年才逐渐开始对教什么知识有了比较多的思考。邓志伟在《当代美国核心知识课程述析》中阐述到："核心知识课程的知识及其课程应该是纯粹的知识、序列的知识、具体的知识、共享的知识。"① 龙宝新在《走向核心知识教学：高效课堂教学的时代意蕴》中提出核心知识包含"统摄性、内核性、衍生性"三大根本特性，并且把核心知识与核心知识教学联系起来，阐述了核心知识教学实施路径。②

还有许多学者认为，核心知识是每个教学活动单元中必须让学生掌握、理解和探明的主要知识技能，是整个教学活动链条的关键链环，是教学活动之魂的栖息地。③ 在数学核心知识的研究方面，魏光明还认为，核心知识是结构明确、适用范围广、自我生长和迁移能力强的基础知识，包括基本原理、基本关系、基本方法和基本问题四大方面。魏光明的研究对数学核心知识的概念和研究价值进行了分析，但对核心知识的分类不够完善，未提及基本数学概念和基本数学思想。

章建跃在《"中小学数学课程核心内容及其教学的研究"课题研究思路设计》中，通过国内外数学课程对比，提出了核心内容选择的三个标准（基础性、发展性和可行性）以及核心内容教学设计的研究思路。他认为，核心内容设计包括内容和内容解析、目标和目标分析、教学问题诊断分析等，提倡从以往"课时教学设计"变为"单元教学设计"模式，教学过程设计以"问题串"方式呈现，体现"问题引导学习"的核心思想。但其研究主要集中在中学核心知识的选择和教学设计上，对小学核心内容及设计涉及较少。④ 章建跃还在《数学基础知识及其教学的再认识》中以对中学数学基础知识进行内涵界定和理论依据为基础，讨论基础知识的理解、内容

① 邓志伟. 当代美国核心知识课程述析［J］. 外国教育研究，2006（2）.
② 龙宝新. 走向核心知识教学：高效课堂教学的时代意蕴［J］. 全球教育展望，2012（3）.
③ 周卫东. 核心知识教学：一种新的课堂意蕴［J］. 教育研究与评论（课堂观察），2014（2）.
④ 章建跃. "中小学数学课程核心内容及其教学的研究"课题研究思路设计［J］. 中学数学教学参考，2012（6）：2－5.

确定和基础知识教学等问题。① 庄惠芬在《小学数学学科关键能力的培育策略》中提到，小学数学学科关键能力的培育是以数学核心知识的学习为中介的，小学阶段的核心知识主要包括数学核心概念、数学运算与运算律和基本的数量关系、空间与几何的特点、基本原理与基本数学思想等。② 其研究体现核心知识和学科关键能力间的关系。

许多学者认为，小学数学中的基础知识指基本概念、基本方法、基本关系、基本规律等。而《义务教育数学课程标准（2011 年版）》提到，数学课程内容"不仅包括数学的结果，也包括数学结果的形成过程和蕴含的数学思想方法。课程内容的选择要贴近学生的实际，有利于学生体验与理解、思考与探索。这说明了小学数学基础知识除了具体客观的数学结论，还包括数学活动过程经验、潜在形态的数学思想方法等。国内研究文献检索发现，核心知识的研究主要集中在课程核心内容的选择和教学设计上，但对学科核心知识和学科关键能力、学科核心素养的论述较少。

综上所述，核心知识是在本学科中居于主要地位的概念、原理和思想方法，对学生发展和后续学习具有重要价值的知识、技能和方法，具有基础性、生成性和发展性的特点。小学数学核心知识主要包括最基础和最重要的概念、数的意义和运算的意义、运算律和运算性质、基本数量关系、几何图形特征和计算公式等，以及其蕴含的数学思想方法。

在微观教学中，教学的核心知识就是教学的重难点。教学重点是学生必须掌握的基础知识与基本技能，是其中所反映的思想方法，也就是学科教学的核心知识。教学难点是指学生认知的盲点或困扰点，不易理解和掌握的知识和技能。教学重点可能是教学难点，也可能不是。教学重点对于全体学生都是重点，而对于有些学生来说是难点。重点突出和难点的突破要符合学生的认知规律，这

① 章建跃. 数学基础知识及其教学的再认识 [J]. 中学数学教学参考, 2008（5）.
② 庄惠芬. 小学数学学科关键能力的培育策略 [J]. 教育理论与实践, 2015（35）.

是教师需要时刻关注的问题。

（二）核心知识教学的外延

学生小学阶段的知识都是最基础的，理解和掌握这些基础知识，对学生后续学习和培养思维能力有重要作用。但是，有的教师抓不住核心知识，主次不分，"面面俱到"；只注重表面热闹，忽略核心知识的讲授；把握核心知识有偏差，误读教材，忽视教学反思。这样会影响知识结构的整体性把握，不利于教学素材的优化组织及探究活动的深度推进，进而影响关键能力的形成。核心知识就如建筑中的承重墙，可以保证房屋牢固的根基。用核心知识统领教学内容，可以降低知识点的零散度，重构内容结构体系，保证减负增效的目标。核心知识的表现形式见下表：

核心知识的表现形式

	形式	例子
小学数学核心知识	基本概念原理	①数与代数领域：数和运算的意义、运算的规律和性质、方程，十进制、位值制 ②空间与图形领域：图形的概念和特征、单位的计量、计算公式的推导 ③统计与概率领域：数据的收集和处理、研究事件发生的可能性
	基本思想方法	①数与代数领域：集合与对应、函数与方程思想 ②空间与图形领域：数形结合思想 ③统计与概率领域：数据分析方法、随机思想
	知识序列的拐点和节点	①表内乘法、整十数乘一位数、小数乘法、分数乘法是乘法序列的拐点 ②分数意义是分数序列的节点 ③平行四边形面积公式是多边形面积计算公式推导的节点

核心知识的选择和确定，要在研读课程标准、深度分析教材的基础上，找准数学知识间的联系、学生认知的基础，确定核心知

识。核心知识主要包括在本学科中居于核心地位的概念、原理和方法，对于学生发展和后续学习有重要价值的知识、技能、态度等。学习难点是对学生接受能力构成挑战的问题，表现在高错误率或高失分率。学习难点与知识本身的难度、学生知识准备程度有关。难易是相对的，是和学生紧密联系的。数学课程、核心知识（重点）、学习难点之间的关系如下图所示。

数学课程、核心知识（重点）、学习难点关系图

在核心知识遴选中，要关注基础性、生长性和迁移性的知识，尤其是生长性和迁移性的知识。生长性知识是知识本身具有较强的迁移力，具有可供拓宽的广度和深度。例如，在计算教学中，有一个基本的原理就是"只有计算单位相同才能直接相加减"，体现在算法上就是"整数加减法要将数位对齐""计算小数加减法要将小数点对齐""计算分数加减法先通分再计算"。可见，"把几个十与几个十相加减、几个一与几个一相加减"体现"相同数位对齐"的原理，是一个值得关注的核心知识。

迁移性知识是指知识间是相互联系、相互发展的，是以结构化的形式呈现出来的。例如，在小学数学中，长度单位、重量单位、时间单位、温度单位、角的单位、面积单位这些计量单位贯穿在小学数学学习各阶段。计量单位教学目标除了掌握计量单位及其关系外，还要发展"定量刻画"的能力，这种能力需要在学生的体验中不断完善成熟。每次的学习，不断重复计量单位的意义和必要性是否必要？"厘米的认识"知道"为什么要有单位"，明确计量单位是一种标准比较物。"分米的认识"明确有厘米后，为什么还要分米，明确标准比较物具有适宜性。"米和毫米的认识"知道思考的方向，明确标准比较物具有多样性。"定量刻画"的能力培养贯穿到计量单位学习过程中，体现知识的迁移和发展，每个层次有不同的要求。从以上的分析可知，"厘米的认识"就是具有迁移与发展能力的知识，是最基础的度量知识。对于这些知识节点、拐点的核心知识"种子课"，就要花力气，精雕细琢，把握每个阶段的知识和能力要求，并在教学中一以贯之。

二、核心知识教学再设计的价值要求

核心知识教学就是围绕核心知识展开的教与学活动，在核心知识模块进行重点阐述，把非核心知识作为教学背景，突出教学内容的精准性，实现教学的层次性、选择性和重点性。教学任务是复杂的，课堂教学是变化的。要提高课堂教学的效果，教师需要抓住课堂教学任务的重点与课堂教学知识体系的重心。教师如果抓不住课堂教学的核心，就不能保证教学活动的效果。用核心知识引领课堂教学，用核心知识教学解决课堂教学的问题，提高课堂教学质量。

（一）从课时教学设计向单元整体设计转化

现行课堂教学费时低效，教学时"眉毛、胡子一把抓"，分不清教学主次，教学各环节没有重点和交互，学生学业负担重，导致学习兴趣降低，甚至个别学生有厌学情绪，同时挤占自主学习空间，影响个性发展。从 PISSA 问卷调查结果看，我们的学生课后作业量明显高于其他国家，学生每周平均作业时间甚至排在全球所有国家和地区的第一位，学生课业负担重，自主研究和学习的机会相对比较少。在"教师有没有让学生花很多时间思考问题"的调查中得分率低，说明课程安排太满，没有留出空间，让有余力的学生自己去选择和研究。在听课调研中，也会发现许多教师以课时设计教学为主，没有把握核心知识，过多围绕非核心知识进行重复性教学或者面面俱到的讲解，导致教学缺乏必要的根基，教学活动不得要领，耗费宝贵时间在不重要的细枝末节上，增加学生的学习负担。

课堂教学是一个复杂的系统，有纷繁复杂的学习内容、纵横连接的知识体系、表现各异的学习情况，只有抓住章节中的核心知识点进行串联，才能做到教学过程的简洁流畅。核心知识的教学是"简约课堂"，是一种以学生自主参与学习活动为主线，以教师导学为主要特征的教学活动。核心知识教学以核心知识模块带动整个知识的学习，使教学内在程序更加科学，流程更富效能。传统课堂的课时教学是线性的，核心知识教学是非线性的、模块式或单元式的，学生有更大的自主创造空间。围绕核心知识教学，逻辑性上更有说服力，学生能从知识的制高点更好地把握教学的重点，并且在核心知识下进行自主学习和探究，加深对知识的理解。

核心知识的单元教学能整合教学资源，优化教学结构，确保师生的"精气神"放在核心知识的学习过程中。确立核心知识教学的观念，教师用数学思想方法理解"核心知识"，能够保证围绕重点展开教学活动，简化教学形式，去除不必要的形式，重构内容体系，更多地思考如何高效达到教学目标，着眼于学生的发展和成长。学生围绕核心知识，在教学问题情境驱动下，亲身经历自主探究、主动建构的学习过程，可以保证其高效地达成"三维"教学目标。这样的课堂和谐共生，教师准确把握时间，学生有充裕的时间进行探究，不会出现对新知识的排斥与厌烦的现象。用核心知识整合教学，在精简教学过程的基础上，使教学环节变得简洁，突出教学的脉络，实现教学最优化，达到"减负不减质"。

（二）从信息输入加工向个体意义建构转化

知识属于人的认知经验，现代认知心理学家把广义的知识分为陈述性知识、程序性知识和过程性知识三大类。陈述性知识是表达"是什么"的知识，是可以直接陈述的知识，个体主要通过感觉、记忆等心理品质获得；程序性知识是回答"怎么办"的知识，需要个体通过思维活动获得，分为智慧技能和认知策略；过程性知识是内隐的、动态的知识，是伴随数学活动过程的体验知识，例如体会数学应用的广泛性、积累解决问题的认知策略和元认知知识，形成自我监控的意识。陈述性知识和部分程序性知识可以通过信息输入、训练加工形成技能得到，但是这些知识中的信息容易遗忘。另一部分程序性知识（如认知策略）和过程性知识伴随着结果性知识学习的始终，包括数学活动经验、数学思想、数学情感、意志等，认知策略需要在活动中感悟、运用，这些仅靠信息输入加工无法让个体获得，而这些知识中的思维成分是不会被个体所遗忘的。

建构主义学习观认为，学习是学习者以个体已有的知识和经验为基础的主动认知的活动过程。也就是说，数学知识的学习是具有个人的经验性，并通过反思获得的。这意味着强调以学生为中心，以个体发展为本，教师是学生主动意义建构的帮助者和促进者。教师的任务是依据学生的学习规律重组教学内容，向学生提供经过设计的、具有教学意义的结构化的材料，引导学生简约化地经历知识的形成过程。

加德纳的多元智能理论也提出，人的智能是多元的，每个人的智能水平有所区别。因此，在核心知识教学中，就要求教师尊重学生的个体差异，关注智能差异，设计丰富多元的适宜学生的活动，给每个学生创造发展的机会，促进其程序性知识和过程性知识的掌握。

（三）从学科知识掌握向关键能力养成转化

知识是能力和素养的载体，离开具体知识教学的支撑，核心素养和关键能力的形成就会落空。[①] 数学学科知识是显性体现的，容易为教师和学生重视和记忆，学科关键能力是内隐的，难以理解和掌握，需要长期培养。学科关键能力是以数学课程教学为载体，基于数学学科的知识而形成的思维品质和基本能力。《义务教育数学课程标准（2011 年版）》明确提出数学教学中应该特别重视十大重

---

① 刘濯源. 基于"思维可视化"的小学生数学核心素养发展策略 [J]. 江苏教育（小学教学版），2016（17）：10－11.

要能力，即数感、符号意识、空间观念、几何直观、数据分析观念、运算能力、推理能力、模型思想、应用意识和创新能力。可以把这 10 个重要能力理解为学生学习数学应达到的关键能力。《普通高中数学课程标准（2017 年版）》把数学抽象、逻辑推理、数学建模、直观想象、数学运算和数据分析等视为 6 大核心素养。上述 10 大重要能力和 6 大核心素养也是数学学科的关键能力，是基于数学知识技能学习过程中形成的。这些能力的形成对学生理解数学知识，体会学科本质，运用数学分析和解决问题都有重要的作用。①在数学课程改革中，我们经历了"双基—三维目标—学科核心素养"的发展过程，学科核心素养强调教育由传统的以知识结构为核心转向以素养为核心，有统摄小学、中学、大学的作用。关键能力的形成以知识理解和掌握为前提，核心思想的感悟则是以核心知识和核心能力为载体。②离开核心知识，关键能力和核心素养就是一句空话。核心素养在运用基础知识和关键能力解决问题的过程中显现出来。

　　国家教育规划提出"德育为先，能力为重，全面发展"，能力为重的核心就是思维能力、学科关键能力。知识与能力存在相关关系，知识处于基础层次的地位。促进能力发展的知识，就是体现学科核心素养、学科知识结构、引发高层次思维的核心知识；就是对现实生活有意义，能促进学生持续探究的核心知识。核心知识教学是遴选更具基础性、生成性、发展性的知识，着力在知识，落脚点延伸到能力的数学课堂教学，而不是数学知识的堆积。要进行关键能力培养，着眼于知识转化为能力，能力内化为素养的策略探索就显得尤为重要。

---

① 马云鹏. 数学核心素养及其特征分析 [J]. 小学教学（数学版），2017（1）.
② 黄为良. 着眼核心素养的知识遴选与教学 [J]. 江苏教育（小学教学版），2016（17）：10 – 11.

三、核心知识教学情境再设计的路径

（一）课堂教学中核心知识教与学的情境再设计

1. 丰富数学活动经验，促进现实问题数学化

【案例】《解决关于"倍"的问题》

（1）观察图意提出数学问题：扫地的有7人，擦桌椅的人数是扫地的2倍。擦桌椅的有多少人？

（2）理解题意：哪句话能反映擦桌椅的人数与扫地人数之间的关系？

（3）同桌合作，借助学具解决问题。

如：扫地　　○○○○○○○

擦桌椅　　□□□□□□□　　□□□□□□□

（4）设疑：学具确实能够帮助解决问题，但每次都这样摆太麻烦了，能否用简洁的线段表示两个数量之间的关系？

（5）师生共同完成线段表示。

如果老师用一根线段表示扫地的7人，那擦桌椅的应该画多长？为什么？你能只看着线段图说出题目的意思吗？

是不是扫地的7人一定要画这么长？扫地的人数我们可以用不同长度的线段表示，只要擦桌椅人数的线段是它的2份这么长就可以了。大家觉得线段图与圆片图相比，哪一种方法更简单直接？

（6）设疑：看着线段图，你能用什么方法列式解决问题？为什么？

（7）小结：求一个数的几倍是多少，也就是求"几个几"，用乘法计算。

【评析】二年级学生处于具体形象思维阶段，已经掌握了"倍"的概念，并与"乘法意义"建立了有意义的联系。本节课把学生的学习经验迁移到其他活动中，通过活动经验完善原有的认知

结构。

（1）关注过程性经验的积累。在教学中，鼓励学生结合所画图形描述"倍"的关系，说解决问题的过程等，留给学生思考的空间，让学生在学习过程中进行数学的思考，积累经验。培养了学生推理、迁移的能力及语言表达能力。

（2）关注数学模型的建立过程。从直观图抽象出线段图，是一个有效培养学生抽象思维的过程。老师利用课件呈现：先出示直观图，再用线段逐步替代直观图。过程中，提出关键性问题：如果用这么长表示一份，那么要用多长来表示擦桌椅的人数呢？课件的生动显示，结合老师的巧妙设问，有效地让学生理解了线段图的意义。接着让学生看着线段图说题意，是一个检测学生对线段图意义理解的很好的训练。为了让学生理解关于"倍"的线段图的本质含义，老师还在黑板上再画一条与课件显示长度不同线段表示扫地的7人，让学生思考：擦桌椅的要画多长呢？从而让学生理解了无论代表扫地的线段有多长，擦桌椅的线段画它的两份这么长就可以了。这个片段的创新点在于动态地显示数形结合，以形助数，既分析了数量关系，又链接数量关系和集合图形。从直观图到线段图的过程，也为学生理解线段图、学画线段图作铺垫，突破教学难点。从实物图到线段图，从生活经验再到运用乘法意义解决问题，学生经历了数形结合的建模过程，思维也从形象思维过渡到抽象思维。

数学化过程包括"横向数学化"和"纵向数学化"两种过程。横向数学化过程是从数学外部的现实走向数学内部的过程，也是现实问题数学化的过程。它是将现实问题进行抽象，以不同的方式转化为数学问题或已知的数学模型的过程。可以表述为：从情境中识别数学—形式化成数学问题—寻找数学规律—对应已有数学模型（现实的，经验的），这个过程强调形成模型化、组织化、符号化的数学活动过程。

数学活动经验是学习者在数学活动过程中形成的体验性认识，

具有动态性、隐性化和个人化的特点。在同一个数学活动中，活动经验存在个体差异性。《义务教育数学课程标准（2011 年版）》将"数学活动经验"和"基本知识""基本技能""基本思想"列为四大数学课程目标。数学活动经验形成于经历的数学活动中，形成于探究过程、抽象过程、推理过程和反思过程中。

现实问题数学化的过程，实际上就是数学活动经验的积累过程。在数学活动中，学生经历探究过程，积累活动经验，对促进学生核心知识掌握、培养学科关键能力起到不可或缺的作用。在数学活动经验积累的过程中，学生要从现实问题中运用不同方式进行表征，形成可视化的数学问题，在不同问题中看到相同的结构观点，转化为已知的数学模型或建构新模型，在这个过程中培养抽象能力、归纳思维能力和建模能力。

基本活动经验主要有操作经验、思考经验和探究经验等类型。凡是动手实践的都是操作经验；思考经验主要是思维操作中获得的策略性、方法性的经验，依据的是思维材料；探究经验是在问题解决过程中获得的经验，包括行为操作和思维操作。因而，数学活动经验是在"做"和"想"的过程中积累而成的。教师要精心设计课堂环节，让学生经历概念、公式、法则的抽象过程，积累"数学化"的基本经验，让学生经历解决问题的全过程，获得解决问题的经验。

2. 渗透数学思想方法，实现数学内部规律化

【案例】《平行四边形面积》

环节一：创设情境，引出问题

（1）学校想给两个花坛重新种植草皮，这两个花坛哪个更大呢？（一个长方形，一个平行四边形）

（2）给出长方形的长和宽，分别是 8 厘米和 6 厘米。回顾曾经学过的平面图形面积公式，是用什么方法得出长方形面积计算公式的？

（3）平行四边形的面积要怎样求呢？是不是知道边的长度就可以求出面积呢？

环节二：动手实践，深入探究

1. 借助方格，初步探究

（1）学生在方格纸上任意画出一个平行四边形，并画出一条任意的高，尝试用数格子的方法得出平行四边形的面积，并完成表格。

平行四边形	底（cm）	高（cm）	面积（cm²）

（2）比较不同的平行四边形，猜测一下，平行四边形的面积可能会和谁有关系呢？

（3）小组内交流看法，互相评价。

（4）教师展示学生作品，学生代表发言。

2. 借助图形，深入探究

（1）提出问题：如果没有方格纸，拿到这样一个平行四边形，我们怎么研究它的面积？利用旧知识来解决新问题，把它转化成学过的图形。

（2）将画出的平行四边形剪下来，再剪一剪、拼一拼，看看能不能把它转化成已学过的图形，找到转化前后图形间的联系。

（3）交流不同的转化方法，学生示范做法，尝试推导出平行四边形面积的计算方法。

（4）观看微课，体验不同的方法。

（5）在电脑上通过拖动平行四边形和长方形重叠，比一比哪个面积更大。引导发现，两个图形等底等高，所以面积相等。

【评析】有效的数学活动能促进学生真正理解和掌握数学的思想和方法。转化思想是在学生认识了平行四边形、三角形、梯形等图形，掌握了长方形面积的计算方法之后安排的，是整个小学阶段比较明显体现转化思想的内容之一。这个案例中，学生通过自主探究，利用"转化"的数学思想得到长方形与平行四边形的关系，从而"再创造"出平行四边形的面积计算公式。

在教学设计方面，学生先是猜测比较两个花坛（等底等高的长方形与平行四边形）的面积大小，再通过动手操作、实验验证，得到它们的面积是一样大的结论，从而经历了"猜测—探究—验证"的问题解决过程。

教师通过创设情境将"怎样计算平行四边形的面积"抛向学生，而不是提出"把平行四边形转化成长方形"的要求，引发学生的探究需求。这个问题对学生比较陌生，需要调动所有的相关知识及经验储备来寻找解决问题的方法。教学过程中，教师注意了两个问题：一是等积转化，即最后得到的长方形和原来的平行四边形的面积是相等的。二是提醒学生反思"为什么要转化成长方形"，就是需要把不知道的、未能解决的知识转化为已经知道的、能够解决的知识。这个设计的创新点在于教师设计的学习活动过程能给学生造成有效的思维矛盾，学生的操作和思考处于主动状态，对转化的理解落到实处。

学生把平行四边形转化成长方形有三种方法：第一种是沿着平行四边形的顶点作的高剪开，通过平移，拼出长方形。第二种是沿着平行四边形中间任意一条高剪开，第三种是沿平行四边形两端的两个顶点作的高剪开，再进行拼组。教学中可以由学生分别展示这三种转化方法，加深学生对高和转化思想的理解。如果学生无法提出三种方法，也可以借助微课，让学生在观察、比较、归纳中理解公式推导方法。学生掌握平行四边形的求证方法的思维模式，也可以迁移类推到求证三角形、梯形等面积公式和其他类似的问题中。这个求证过程也促进了学生猜测、验证、抽象概括等思维能力的发展。这样的设计创新点在于体现对学生学习水平的调适过程和思维发展的深化过程，不仅以一种方法或三种方法解决问题为目标，而是聚焦在转化思想的渗透及数学关键能力的养成上。

"纵向数学化"是数学化过程的另一种表现形式，是数学世界内部的生成、重塑和使用的过程，关注的是数学系统内部的运作与层次提升。在纵向数学化过程中，要对数学内部进行数学推理和公理化，形成内部条理清晰、简洁、完整的体系，属于数学内部规律化的过程。可以表述为：猜想公式—证明规则—改善修正模型—形成新概念——一般化过程。数学内部规律化的过程包括抽象、转化、数学化、演绎、归纳、建模等数学思想方法的综合运用。例如，归纳推理解决发现数学新知，找到数学思维对象；演绎推理主要解决验证数学公理和数学新知的问题；转化是将未知问题转化为已知问题，解决新知。这些思想方法的结合运用，促进了数学学科自身的发展。

美国数学家哈尔莫斯说过，数学的核心是知识的内在问题、思想和方法，数学思想是数学的灵魂，数学方法是数学的行为。运用数学方法解决问题的过程就是从感性到理性的"数学化"的积累过程，当积累到一定阶段就上升为数学思想。通过数学方法的调用，才能获得知识和运用知识；通过思想的引领，方法能成为自主探索的有效工具。小学数学课程，包括数学基础知识体系和数学思想方法这一明一暗两条线，需要教师在数学知识形成、发展和应用过程中提炼思想方法，让学生反复理解、螺旋上升。因而，在数学化过程中，教师教学的核心是帮助学生领悟蕴含的数学思想方法。

义务教育阶段渗透的数学思想主要包括抽象、分类、转化、数学化、演绎、归纳、模型等，对思维定向、思维判断、思维选择进行监控，调节和控制思维的进程。数学思想形成需要经历反复理解应用的过程，并在提炼、总结、理解、应用等过程中循环往复，从模糊到清晰，不断深入，逐步领悟。不同的知识内容有相同的数学思想，在纵向数学化的过程中，通过经历这样的问题解决过程，才能促进知识的迁移，凸显知识的形成过程，体会数学思想的作用。

3. 经历数学建模过程，实现数学内部现实化

【案例】《平均数》

环节一：故事引入，凸显概念本质

四年级学生完成《每天一练》五次的时间分别是：15、14、12、10、14分钟。我完成《每天一练》通常要用（　　）分钟。老师发现小明先填了15，又涂掉，为什么？你会涂掉吗？讨论"14、13、12"哪一个数最适合用来代表做题快慢水平。

环节二：探究新知，理解算法

（1）提问：如何"想办法说明13这个数是五次做题的平均水平"，学生有两种方法："总时间÷次数""移多补少"。

（2）通过学具与图的操作，明确13是通过"移多补少"得到的。

（3）13和其他五个数进行比较，明确平均数可以是虚拟数。

环节三：模型运用，深化意义

（1）巩固练习，巩固平均数的常规算法。

（2）引申练习，强化平均数的意义理解。平均4米深的河，最深几米？

（3）拓展练习，深化平均数的现实意义。平均1米深的河，你能安全走过去吗？如果小华身高1.3米，能安全过河吗？

【评析】本案例从现实问题入手，建构平均数的概念模型。教师尊重学生的生活体验，选取"一个主体的几次时间"这样一组数据，提出求平均数的问题情境。对于做得快或慢的问题，学生有丰富的生活经验。在寻求代表数的过程中，"太快""太慢""失常""正常水平"这些经验语言被激活。借助生活语言进行师生对话，学生体验平均数的"代表性"，体会平均数的"区间值"，并强化平均数的"虚拟性"，建立平均数的概念模型。

在问题解决过程中，利用模型理解平均数的算法。"想办法说明13这个数是5次做题的平均水平"，通常学生有两种方法：一是"总时间÷次数"，二是"移多补少"。教师没有把教学重点放在计

算上，而是侧重于"移多补少"这一方法的展开上。借助直观操作，运用图形表征、操作表征、语言表征，强化了平均数意义的理解，实现了"算法"教学与"代表性"内涵理解的统一。

运用模型解决问题，实现数学知识的现实化。教师设计"平均4米深的河，最深几米?"这个问题，让学生进一步明确平均数是"代表一组数据的整体水平"，数据有大有小，有其"虚拟性"。最后还设计"平均1米深的河，你能安全走过去吗?"这个现实问题，促进学生理解平均数的内涵，也促进学生用数学的眼光分析问题和解决问题。

数学化的本质是强调数学与现实世界的密切联系，是纵向数学化和横向数学化的核心体现。数学内容现实化是数学化的归宿和目标，是寻找数学内容的现实模型，用数学模型解释现实世界的过程。数学内容现实化的过程中，需要构建恰当的数学模型。张奠宙教授就认为，"广义地讲，数学中各种基本概念和基本算法，都可以叫作数学模型"。数学模型是连接数学与外部的桥梁，包括将现实问题抽象为数学模型和数学内容寻找现实原型两个方面。

《义务教育数学课程标准（2011年版）》中指出：模型思想的建立是帮助学生体会和理解数学与外部世界联系的基本途径。建立模型思想的重要表现是掌握数学模型方法，具有将现实问题与数学内容之间构建关联的意识和能力。数学建模的一般过程有如下四个阶段：现实问题数学化—建立数学模型—数学模型解答—现实问题求解验证。通过经历数学建模的过程，可以帮助学生从数量关系的角度认识和把握现实世界。采取问题驱动的方式，可以深化学生对数学模型的理解、发展和建构，并从不同的问题情境中找出同一类数学结构模型，从而学会像数学家那样"模型化"地思考问题、分析问题和解决问题。

4. 活化微课技术运用，实现教学手段多元化

【案例】《一亿有多大》

　　课本的操作活动是以连环画的形式呈现一个小组进行探究的过程，从而提示研究的方法和步骤。但是对于操作类的数学活动，学生不容易读懂图画背后隐含的步骤，活动缺乏有序思考。因此，设计以下微课，提示操作步骤为主，逐步呈现，起到启示参考的作用。如下逐步整理显示：

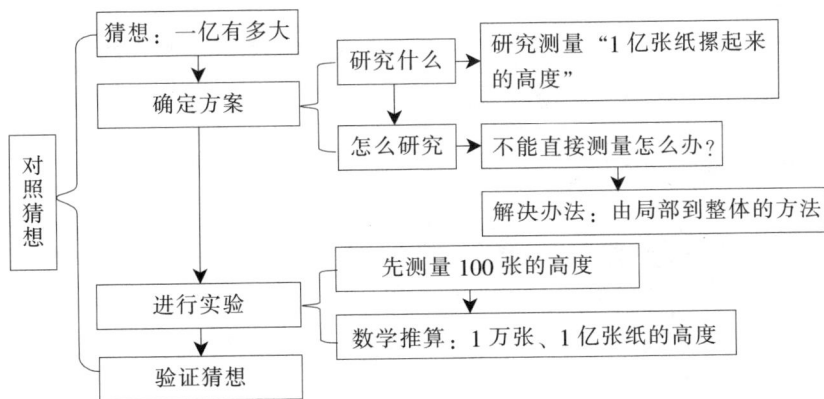

　　在此基础上，引导学生拓展思考：如果研究1亿粒米大约重多少千克、1亿个一元硬币摞起来有多高时，就可以利用操作步骤给学生一个脚手架。如下图所示：

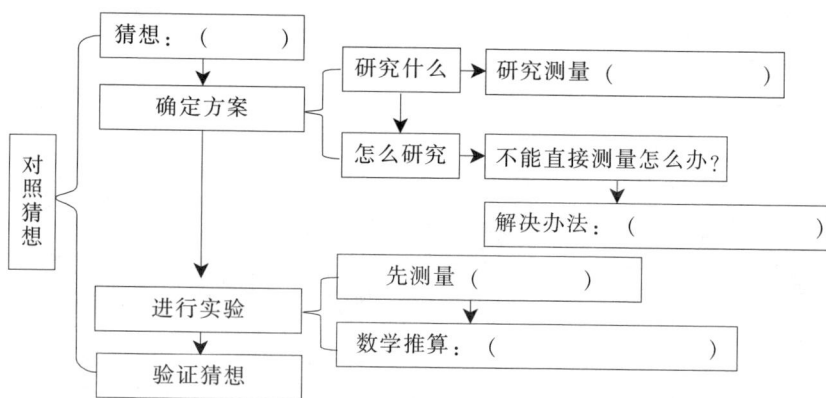

【评析】"数学活动"的顺利开展，离不开有条不紊的计划与步骤。当学生明确自身的需要、步骤和最终的目的时，才能事半功倍。学生通过动手操作，能体验数学知识的作用，积累活动经验。有计划、有目的的操作活动，有利于培养学生做事情的有序性和整体性。但是学生对于"有序性"和"整体性"一般不好把握或把握不到位，因此，借助微课从整体上细分活动步骤，化整为零，帮助学生理清思路。微课把复杂的操作活动结构化，在细分步骤的基础上，为学生提供脚手架，也为其自主学习提供参考，为后续自主学习与研究打下基础。

我国著名数学家张奠宙曾说过：教学手段必须为教学内容服务，"去数学化"倾向会危及数学教育的生命。因而，数学教学设计和实施要体现"数学的本质"，使学生在高效率、高质量学习中领会和体验数学的魅力。①

"互联网＋"的时代，知识和信息呈现几何级数的变化，计算机和移动终端工具可以获得大量的知识，微课助力教学也成为趋势。微课是指以视频为主要载体，记录教师在课堂内外教育教学过

① 张奠宙，赵小平. 当心"去数学化"［J］. 数学教学，2005（6）.

程中围绕某个知识点（重点、难点、疑点）或教学环节而开展的精彩教与学活动全过程。① 微课是为了突破课堂教学中的知识点而设计的真实、具体、可视的教学情境。其作为传统教学与现代信息技术的有机结合，可以使知识形象有趣，吸引学生注意力，引发学生思考；也可以帮助学困生解决问题，反复播放，不受时间的限制，有利于自主学习；还可以帮助学生突破难点，多次暂停，让学生思考、领悟，突破难点，从而掌握知识，提高数学素养。

（二）单元教学中核心知识教与学的情境再设计

数学是研究数量关系和空间形式的科学，具有高度的系统性，教师需要构建系统规划、统筹兼顾的学习环境来帮助学生学习。基于单元教学设计就是强调整体备课，强调的是单元、主题或章节，就是运用系统的方法，围绕教学目标，对教什么、怎么教进行教学策划。从教材的角度看，数学单元具有相对独立性，但又具有"承上启下"的特点，联系着学期教学设计和课时教学设计。从教师的角度看，有利于教师总揽全局，整体把握知识体系和关键内容，分步实施学期教学目标。从学生角度看，有利于学生明确单元主线，整体建构单元知识体系，培养数学思维的能力。单元教学设计一般包括内容和内容解析、目标和目标解析、学情诊断分析、教学过程设计与反思等环节。

孙国春在《小学数学教材解读集体偏差现象探析》中提到，教师存在"重专家解读，轻个人解读；重教参阅读，轻教材阅读；重教法研究，轻内容研究"的现象，而现行教材呈现方式是"以知识探索为核心，以学生活动为载体的导学活动体系"，② 仅从教材内容呈现形态难以准确把握数学知识的要求，教师解读教材存在集体偏差。这要求教师聚焦课程标准，整体把握学科体系与关键内容，以单元中居于统摄地位的数学核心知识为切入点，梳理学科核心概念

① 胡铁生. 微课：区域教育信息资源发展的新趋势 [J]. 电化教育研究, 2011 (10).
② 孙国春. 小学数学教材解读集体偏差现象探析 [J]. 中国教育学刊, 2016 (3).

和基本原理，以单元中居于统摄地位的数学核心知识为切入点，整体设计教学活动，突破教学重难点，引导并帮助学生经历探究过程，顿悟蕴含的数学思想。

下面以第一学段《倍的认识》单元、第二学段《除数是整数的小数除法》单元的核心课例为例进行说明。

课例（一）：义务教育教科书（2013 版）三年级上册第五单元《倍的认识》

【单元备课分析】

1. 本单元内容在学生数学学习中的地位

比较两个数量大小有两种方法，一是比较两者的差值，二是比较其比率关系。倍、分数、百分数、比等概念的本质均为"比率"。倍概念的建立是在学生掌握一般乘除的知识以后进行学习的，是依据乘除知识中"份"概念扩展而来的。通过两个量的比较，由"份"引出"倍"，最终又回到"份"，使倍的知识在整体网络中产生和发展。

比率这一重要概念在小学人教版数学教材中按下表编排：

册数	单元	与比率有关的内容
三年级上册	倍的认识	整数倍（相同种类的两个量的比率关系）
三年级下册	除数是一位数的除法	整数倍
四年级上册	三位数乘两位数	两个不同种类的量的比率关系（速度）
五年级上册	小数乘法	小数倍
五年级下册	分数的意义和性质	分数（表示率）
六年级上册	比	比
	百分数（一）	百分数

本单元整数倍的学习是学生第一次接触比率，现行教材以独立单元的形式呈现，突出其重要教学地位。

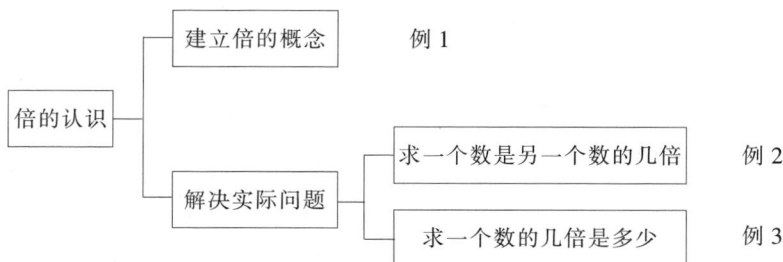

2. 本单元学情分析

从三年级学生的认知水平看，多数学生具有"份"的概念，而少数学生具有"倍"的认识，且比较多地关注相差的部分。学生借助"份"可以降低其对"倍"理解的困难，但需要在头脑中"数"出有几个这样的一份。另外，由于受两数相差关系的负迁移，在"倍"的认识中学生又会比较多地关注多出来的部分。因而，建立正确的"倍"概念是学生数学学习的重点和难点。

如：2和6比，你能用"倍"来描述它们的关系吗？

2　○○

6　○○｜○○○○

3. 本单元教学目标

（1）在操作活动中，获得"倍"概念的直观体验，结合具体情境理解"几倍"与"几个几"的联系，建立倍的概念。

（2）能解决"求一个数是另一个数的几倍""一个数的几倍是多少"的实际问题，在解决问题的过程中培养几何直观感知能力，渗透模型思想。

（3）培养分析问题和语言表达等能力，感受数学与实际生活的联系。

4. 本单元重难点及教学建议

重点和难点：建立"倍"概念。

教学建议：

(1) 重视意义理解，多角度、循序渐进建立倍的概念。

(2) 重视多元表征及其之间的转化，建立倍的模型。

(3) 重视主体参与，培养几何直观。

【核心知识解读】

1. 学生知识体系的转折点——从加法结构到乘法结构

"倍"是小学数学中的重要概念，是学生数学认知结构中一次"质"的变化。心理学家吉尔德·维格诺德提出的乘法结构理论认为，加法结构和乘法结构是小学生主要的数学认知结构，乘法结构是在加法结构的基础上产生的。乘法结构是一个概念体系，基本概念是乘法与除法、倍、最大公因数、最小公倍数、运算规律及其面积、表面积等概念和定律。如果从特殊的加法角度看，乘法本质上是"加法结构"，是"合并"和累加的过程。因此，从加法结构到乘法结构，"倍"的学习是学生认知结构发生质变的第一次机会。"倍"的认识中，学生认知结构的转变是学生学习的最大困难。

从各册教材与比率有关的内容分析，可以看出"倍"的认识是学生乘法序列和比率序列的拐点和节点，是具有自我生长和迁移能力的核心知识，影响后续知识的学习。

2. 学生数学思想的渗透点——模型思想和函数思想

对四年级学生进行调研发现，对于"有96棵桃树，桃树的棵数是梨树的4倍，梨树有多少棵？"这道题，有一个班的学生错误率达41.2%，主要原因是学生未正确建立"倍"的概念，经过一年的学习仍未掌握。这说明低年级学生学习"倍"，要建立正确的"倍"的模型，能够清晰准确地理解"倍"，不能片面地"见倍就乘"。《义务教育数学课程标准（2011年版)》指出，模型思想的建立是学生体会和理解数学与外部世界联系的基本途径。"数学化"实际就是数学模型的建构和运用过程，在模型思想渗透过程中，需要学生经历"问题情境—建立模型—求解验证"的数学活动过程，在活动过程中，丰富活动经验，感悟数学思想方法。

3. 培育数学学习方法的促进点——比较与抽象

比较与抽象是两种重要的数学学习方法。"倍"是抽象的数学概念，表明两类事物在量的比较中的一种关系，看不见，摸不着。学生理解需要借助感性材料，从丰富的感性材料中，抽取共同的、本质的特征，舍弃非本质特征，完成对抽象的"倍"概念的理解。"倍"的本质是两类事物的关系，比较应该贯穿整个教学过程。通过比较找到共同的本质的属性。这节课中，学生在比较和抽象中理解概念，其中比较是抽象的前提，抽象是比较的目的。

课例导读：核心知识的确定和教学需要教师聚焦课程标准，整体分析教材，梳理核心概念，设计简约的探究过程，经历"数学化"的"再创造"过程，建构数学模型。让我们看看广州市越秀区教师进修学校李咏琪老师在《倍的认识》单元教学中如何让学生经历核心概念的建模过程。

【教学内容】义务教育教科书（2013版）三年级上册第五单元第一课时《倍的认识》及对应练习。

【教学目标】

（1）在观察、操作、比较等活动中，知道"倍"是两个数量之间的关系，是两个量比较的结果。结合具体情境认识倍是以"份"为单位进行比较，理解"几倍"与"几个几"的联系，建立"倍"的概念。

（2）在变化中感受比较倍数关系时标准的重要性，渗透正反比例的思想。

（3）发展学生的思维能力和数学语言表达能力。

【教学重点】通过观察、操作，初步理解"倍"的含义。

【教学难点】抽象"倍"的模型。

数学化思想视角下的教学再设计

【教学过程】

一、引入"倍"

【设计意图：从学生熟悉的生活情境引入，通过让学生比较雪梨和苹果的个数，从而引出"倍"的概念，沟通新旧知识之间的联系。】

（1）妈妈买来一些水果（2个雪梨和6个苹果），谁能说说这两种水果数量之间的关系。

（2）指出两个数量进行比较，除了同学们刚才所说的多与少的关系，还有"倍"的关系。今天，我们就一起来研究有关"倍"的知识。

二、探究"倍"

（一）在圈画中形成对"倍"的初步认识

1. 定义"倍"

出示：2个 🍐🍐

6个 🍎🍎🍎🍎🍎🍎

如果把2个雪梨看作一份，那么6个苹果里面有这样的3份，可以说苹果的个数是雪梨的3倍。（边说边在水果下面添上表示一份的符号）

指出：用"倍"表示两个数量关系时，要清楚：

以（　　）为一份（找）

（　　）里面有这样的（　　）份（圈）

（　　）是（　　）的（　　）倍（数）

【设计意图：本环节的重点是让学生清楚"倍"是以份为单位进行比较，在几个几的基础上初步认识倍的含义。因此，首先是明确怎样定标准——"以什么为一份"。接着，让学生学会用"数一数共有多少份"的方法找出倍数关系。板书有助于学生的数学表达和学习方法的掌握。】

2. 变化比较量，让学生加深对倍的认识

让学生自己在图上圈一圈、数一数、填一填、说一说。

（1）增加 2 个苹果，它们之间有何倍数关系？如何知道的？

（2）减少 4 个苹果，它们之间有何倍数关系？如何知道的？

（3）再减少 2 个苹果呢？

对比后小结：

两个数作比较，一个数里面有几个另一个数，这个数就是另一个数的几倍。

3. 变化标准量，让学生深化对倍的认识

要知道苹果的个数是雪梨的几倍，需要知道什么？（分别出示 1、2、3、6 个雪梨）

设疑：为何都是苹果与雪梨比较，倍数关系不断变化？

对比指出：标准决定比较的结果。

感悟得出：雪梨的一份数在变，它们的倍数关系也在变。

【设计意图：在"变化"中加深对倍的认识。通过设计连续的情境，不断改变作为标准的量，让学生在有趣的"变化"中进一步认识倍，感受到比较倍数关系时标准的重要性。要明确谁和谁比，再找出倍数关系，渗透正反比例的思想。】

三、应用"倍"

1. 填一填

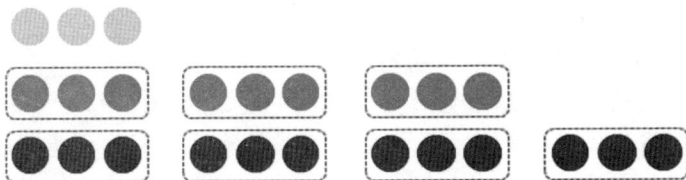

⬤ 的个数是 ⚫ 的（3）倍，　　⚫ 的个数是 ⚪ 的（4）倍。

2. 看图判断

（1） 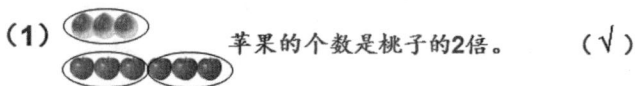 苹果的个数是桃子的2倍。　　（√）

（2） 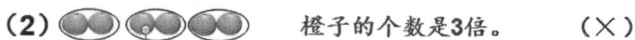 橙子的个数是3倍。　　（×）

（3）  ★的个数是●的2倍。　　（×）

（4） 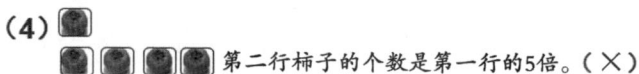 第二行柿子的个数是第一行的5倍。（×）

3. 画一画

画出你喜欢的两种图形，使它们之间的关系是2倍关系。

呈现学生作品，发现异同，感悟模型进而抽象模型。

【设计意图：通过多层次的练习，帮助学生进一步理解倍的含义。其中"画一画"的练习，以"2倍"为本，建立倍的直观模型。直观材料不仅仅是数学学习的开始，让学生自选学习素材是为了让学生进一步抽象与概括，让学生在探索中发现不同的事物背后隐藏着的相同点，即都可以以一方为标准，另一方有这样相同的两份。异中求同，使学生在比较中自己揭开"倍"的本质。】

【课例评析】

1. 建概念，积累数学活动经验

形成正确的概念是掌握数学基本知识、基本技能的首要条件。形成概念需要提供一定数量、具有典型性的事实材料，学生通过观察、分析、归纳把概念的本质属性从事实材料中分离出来，并用数学语言进行表达，进行数学组织化，从而积累丰富的活动经验。

教师设计了三个环节的活动。活动一，引入"倍"。通过解决生活中常见问题，引入新课。活动二，探究"倍"。教师组织了三个层次的活动引导学生逐步建立"倍"的模型，首先定义"倍"，明确怎样定标准——"以什么为一份"。接着，让学生学会用摆一摆的方法找出倍数关系。重点是让学生清楚"倍"是以份为单位进行比较，在几个几的基础上初步认识倍的含义。其次强调"标准"，通过变化比较量和标准量，让学生在有趣的"变化"中进一步认识倍，感受到比较倍数关系时标准的重要性。活动三，应用"倍"。以"2倍"为本，建立倍的直观模型。

从整个过程看，首先提供完整事实材料帮助学生初步认识模型的本质属性，然后提供变式的事实材料，帮助学生深化理解模型的本质属性，最后提供开放性的事实材料，为学生提供运用模型解决问题的平台。从教学的角度看，三层次教学有利于理解和牢固掌握模型的本质属性，不被模型的外部表象所"扰乱"；从学习的角度看，学生通过对事实材料的观察、比较、操作，感受到不同的事实材料有共同的地方——都是把较小的数作为标准量，有几个这样的标准量就是标准量的几倍，并在体验、感悟的过程中借助乘法意义学会运用"倍"描述两个数量之间的关系，由原有知识一一对应的"比多少"关系拓展到"含有几个几"的倍比关系。

2. 构模型，重视多元表征转化

在"倍"的建模过程中，学生经历"比水果数量的问题情境—建立倍的模型—做倍验证"的过程，学生思维空间大，探究深度广，围绕"倍"的核心知识展开活动。这样的设计也是基于对学生原有知识调研的基础上进行：多数学生具有"份"的概念，少部分学生具有"倍"的认识，但是受到"比多少"的影响而关注多出来的部分。定义"倍"，做"倍"的过程，通过老师的"追问"指向"倍"概念，放慢教学的脚步，留给学生思考和内化的时间，加深对"倍"的理解。

在建立"倍"模型的过程中，学生通过动手操作、画圈数、语言表述等方式，参与了观察、比较、感悟、归纳、理解的全过程，达到从外部活动转化为内部知识的学习目标。学生在观察中抽取事实材料的共同本质属性，掌握用简洁、抽象的数学语言描述，并在描述中主动建构倍与乘法意义的关系，学会新的表达方式，促进图形、语言、动作等多元表征的转化，实现概念的真正理解。

3. 拓应用，深化变式练习

应用是一个运用和生成的过程，需要不同知识和能力的参与，从数学角度观察解决生活问题，推动学科关键能力的养成。教师在探究"倍"环节，以"2倍"为本，建立倍的直观模型。应用环节设计填空练习、判断练习、提高练习、拓展练习几个层次，练习有层次有坡度，深化对倍的理解，拓宽与差比、倍比的联系。教师为学生提供的素材不仅仅是数学学习的开始，更是为了学生进一步的抽象与概括，让学生探索不同的事物背后隐藏着的相同点，即都以一方为标准，另一方有这样相同的两份。异中求同，使学生在比较中自己揭开"倍"的本质。

4. 渗思想，贯穿教学全过程

本节课有两种数学思想，即模型思想和函数思想。教师比较重视"倍"的模型思想，因函数思想对于低年级学生较难理解。但客观世界是运动变化的，变量数学比常量数学更能生动地解释数学的函数思想，使学生对数学模型的本质有更深刻的理解，从而提高学生的数学素养。

学生已经初步建立了"倍"的模型，但一倍量与几倍量之间存在着相关联的变化关系，理解它们之间的变化关系就更能深刻地反映"倍"的本质。老师通过设计连续情境，让学生通过观察，发现"一倍量不同，相对应的几倍量也不相同"，但是只要确定了一倍量，几倍量也随之确定下来，这就是变量与定量的关系。学生在操作、思考、辩论的过程中感悟数量之间相互制约、相互联系的辩证关系，感悟到不能孤立、静止地观察事物，进而更深刻地理解"倍"的另一本质——反映两量之间的运动变化关系。这样的教学，将有形的思想以活动为载体，无形渗透其中，使得模型的建构实现从感性认识到理性认识的飞跃。在这个过程中，学生经历了比较、抽象的数学化过程，学习能力也得到很大的提高。

课例（二）：义务教育教科书（2013 版）五年级上册第三单元

《除数是整数的小数除法》

【单元备课分析】

1. 本单元内容在学生发展中的地位

从小学数学教材的知识体系看，小数除法是小数四则运算、小数的意义和性质、小数加减法的发展，又是进一步学习整数、小数四则运算以及分数、小数四则混合运算的基础。本单元教学的教学效果直接影响到整个小学数学四则运算的教学质量，影响到学生计算能力的培养。

本单元包括七个板块：小数除以整数、一个数除以小数、商的近似数、循环小数、用计算器探索规律、解决问题和整理与复习。教材编写上不仅强调基础知识与基本技能的获得，更强调学生经历数学知识的形成过程，了解数学的价值，培养学生的应用意识。

小数除法的意义与整数除法的意义相同，小数除法的试商方法、除的步骤、书写格式等都与整数除法基本相同，不同的只是小数点的处理问题。在知识结构上，从学生已有的认知经验看，除数是整数的小数除法是小数除法的基础。除数是小数的除法在这个基础上，根据商不变性质转化成除数是整数的除法来计算。可见，除数是整数的小数除法的计算法则是基础，理解算理、确定商的小数点位置是掌握法则的关键。

计算教学要重视学生对计算方法的掌握，对于算理的理解也非常重要。不理解算理的学习，往往是被动的模仿及机械的记忆，稍加变化便不知所措，因此教学时既要重视算法的掌握，又要重视算理的理解。

2. 本单元教学目标

（1）在现实情境中理解小数除法的意义和作用，培养解决问题的能力和良好的数感。

（2）在经历小数除法计算方法的形成过程中，掌握计算方法。

（3）能解决简单的实际问题，培养观察、归纳、推理、总结等能力。

3．本单元教学建议

（1）利用已有知识，构建良好的认知结构。

（2）突出算理指导，掌握除法计算法则。

（3）运用"数学现实"，掌握近似值。

（4）运用迁移规律，提高计算能力。

【核心知识解读】

1．本单元是除法计算教材结构体系的连接点

本单元《小数除法》计算方法的学习分两个步骤完成："除数是整数的小数除法"和"除数是小数的小数除法"。前者是后者的基础，后者是本单元的学习重点。

本课是《小数除法》这一单元第一课时的内容，它的教学是以"整数除法"与"小数的性质"为基础进行的，是"整数除法"的引申和扩展。

2．本单元是解决学生具体思维现状与算法抽象化矛盾的关键点

由"整数除法"到"小数除法"是学生学习认知上的一次扩展。学生在学习这部分知识之前虽然掌握了整数除法的计算法则并形成了较为熟练的技能，以及掌握了小数的性质并能据之对小数进行化简和改写，具备了学习除数是整数的小数除法的"逻辑起点"，但对于为什么要学习除数是整数的小数除法、为什么整数除以整数的商可以用小数来表示、为什么除到被除数的末尾仍有余数需要添0继续除、为什么小的数能除以大的数等问题，学生囿于自身的认知，理解起来会比较困难。因此学生需进行自我调节，改组认知结构，才能获得认知上的平衡。

课例导读：核心知识教学实现教学优化，促进学科关键能力发展。计算教学的重点是理解算法，掌握算理，培养计算能力。让我们看看广州市东风东路小学王璐老师在《除数是整数的小数除法》课程教学中是如何处理算法和算理的关系，培养学生计算能力，渗透数学思想方法的。

【教学内容】人教版课标教材五年级上册第三单元《除数是整数的小数除法》第 24～25 页例 1 至例 3。

【教学目标】

（1）经历从整数除法的有余数向可否继续"除下去"的探究过程，理解继续"除下去"的算理和算法，初步掌握除数是整数的小数除法的笔算方法。

（2）在探究过程中，感受学习笔算小数除法的必要性，渗透迁移、转化的数学思想。

（3）在学习过程中，增强应用意识。

【教学重点】

初步理解继续"除下去"的算理和基本算法。

【教学难点】

理解除数是整数的小数除法的算理。

【教学过程】

一、复习导入

笔算：$26 \div 4 = 6 \cdots\cdots 2$

二、新授探究

1. 创设情境，引出问题

2. 结合竖式，理解算理

3. 对应练习，明晓算法

4. 深化算理，完善算法

5. 看书质疑，新课小结

三、巩固练习

四、总结提升

【课例评析】

本课例在整体单元设计的基础上，在"呈现（发现）矛盾—分析矛盾—解决矛盾"的过程中，将算理和算法融合，促进学生计算能力的提高，并渗透了转化的数学思想。

1. 创设认知冲突，激发学习需要与求知欲

小学生学习数学的过程，其实质是一种矛盾运动，是学生发现

矛盾、分析矛盾、解决矛盾的过程。学生学习新知识，当原有的知识、技能、方法不能解决面临的新数学现象、数学问题时，矛盾就出现了，认知冲突就产生了。这时，学生就会产生强烈的学习需要与求知欲望，从而充分调度相关旧知来解决问题。基于这一认识，本课把教学过程看作是"呈现（发现）矛盾—分析矛盾—解决矛盾"的过程。教学时注意创设问题情境，适时呈现矛盾，让学生在"冲突—平衡—再冲突—再平衡"的往复心理过程中，积极主动地参与知识的发生、形成与发展过程，提高分析问题和解决问题的能力，发展学生的数学观念，促进认知结构的改组。

2. 经历探究过程，促进算理和算法的融合

在导入环节中，当旧知不能解决面临的新数学问题时，矛盾就出现了，同时激起了学生探究的欲望，并带着问题学习新知识，探索解决问题的方法与途径，实现认知的平衡。新授环节探究新知、分析矛盾、解决矛盾，让学生理解除数是整数的小数除法的算理，初步形成算法。要用新的形式表示整数除以整数的计算结果，就需要探究在不改变被除数大小的情况下继续往下除的方法。为此，教师在分析矛盾、解决矛盾的过程中，采用"基于情境、结合意义、探究获得"的教学策略，以解决问题为支撑，让学生理解除数是整数的小数除法的算理，初步形成算法。

因此本课例设计中，教师将课本的例3作了调整：一盒铅笔5支共2元，每支铅笔多少钱？这一情境的改变，不仅改变了数据，而且用整数除法切入，使学生明白原来小的数也可以除以大的数，进一步完善了学生的知识结构；同时改用学生熟悉的元、角、分知识作为引入，能更好地帮助学生在解决问题的过程中认识整数部分不够商1的特殊情形，进一步理解"为什么要在商的个位商0"的算理，完善算法。

3. 渗透转化的数学思想，发展数学思维能力

转化是一种重要的数学思想，在数学学习中有着广泛的应用。在本课设计中，力图在教学中渗透转化的数学思想。

（1）核心问题的设计。本课中，教师呈现的是不一样的教学思

路，即以学生旧知整数除法为基础设计教学，以整数除以整数所出现的新问题贯穿全课，紧紧抓住其中"为什么要继续除""怎样继续往下除"这些核心问题为主线展开教学。教学时通过引导学生调度旧知——小数的性质，把整数（26）改写成小数（26.0）继续往下除，把整数除以整数自然地转化为小数除以整数的新知。

（2）数学思维能力的培养。本节课教学中有意识地为学生进行抽象概括创造必要的条件，让学生在感悟转化思想的过程中自主参与抽象概括的全过程，发展学生的抽象概括能力。如在利用"一箱饮料4瓶共26元，每瓶多少钱？"的现实情景帮助学生理解算理时，教师借助具体生活、抽象数理两个层面，引导学生逐步抽象，最终抽象概括出其"把剩下的数转化成计数单位更小的数继续往下除"的共同本质与思路，使学生既理解了算理的本质，又发展了思维，能力也得到了发展与提高。

第三节　结课情境的再设计

结课情境描述的是一节课的结束。结课即是课堂小结，是在完成一堂课的教学内容后，教师引导学生对知识点进行归纳总结的环节。课堂小结作为课堂的重要组成部分，对整堂课起到画龙点睛、提纲挈领、知识结构化的作用。课堂小结与导入是课堂教学的两个重要阶段。小结和导入首尾呼应，帮助学生建立起问题和结论之间、新旧知识之间的联系，呈现给学生完整的知识系统。

"数学化"的结课环节是带着数学问题的结果回到现实世界中去检验、解释、预测，并解决新问题的过程。数学化的结课环节，其设计的策略和原则应该通过"数学化"主动建构个人的数学知识体系，进而解决实际问题，实现知识的"再创造"。

一、结课情境的界定

结课是使整个课堂教学圆满、有效的必要环节。从文献资料和课堂观察不难发现，课程改革后课堂教学方式发生了变化，注重学生发挥主体地位，强调自主学习、合作学习和探究学习，但是课堂结尾却匆匆而过，出现"前松后紧"的现象，影响课堂教学效果。由此可见，加强结课研究有利于教师提高结课意识，提升结课技能，从而提高课堂教学效果。

（一）结课情境的内涵

结课是课堂教学的有机组成部分。国外有关课堂结课最早源于文艺复兴时期夸美纽斯的《大教学论》中的论述。夸美纽斯在教学原则中提出"一切先学的功课都应该成为一切后学功课的基础，这种基础是绝对必须彻底地打定的"。① 他认为，已有的知识是学生必须牢固掌握的，如果没有掌握，不断学习后面的新知识也没有任何意义。他要求教师讲课的过程中要讲清事物的原因和理由，在理解原因的基础上，才能牢固掌握知识；讲课结束前做好知识梳理、归纳和评价，为后学功课奠定基础。

从教学论的角度看，苏联教育家凯洛夫在《教育学》中提出了"六环节"教学过程理论：组织教学—复习旧课—引入新课—讲授新课—巩固新课—布置作业。② 这一教学模式使得课堂小结长期表现为对课堂所学习知识的梳理总结和强调、记忆，至今仍对我国的课堂教学有着重要的影响。赵恒金、高炜从数学课堂设计的角度认为，课堂教学紧扣目标，做好结尾，对教学内容起到梳理、概括、画龙点睛和提炼升华的作用，对提高课堂教学效果有很重要的作用，应根据教学内容、学生特点来精心设计。③

从心理学角度看，结课符合人的认知规律。著名心理学家艾宾浩斯的遗忘曲线就指出，遗忘在学习之后随即开始，遗忘最多的是在学习之后的 20 分钟左右。一节课 45 分钟，适时小结可以帮助学

---

① 夸美纽斯. 大教学论［M］. 傅任敢，译. 北京：教育科学出版社，1999.

② 王天一. 外国教育史：下册［M］. 北京：北京师范大学出版社，2005.

③ 赵恒金，高炜. 例谈数学课堂教学中的结课设计［J］. 小学教学参考，2002（2）.

生梳理知识、归纳方法、升华情感，发挥"40 + 5 > 45"的效率。

从学习论角度看，学习是个体主动建构知识结构的过程。课堂结课是在教师的帮助下，学生对教学内容进行系统化和条理化，完善和形成新的认知结构，也对所用的学习方法有更明确的认识。张玉彬在《理想课堂的构建与实施》中认为，结课是指教师在课堂任务终结时，引导学生对知识、能力、方法、情感态度价值观的再认识、再总结、再实践、再升华的教学行为。[①]

从美学角度看，古人就以"凤头"和"豹尾"来比喻一篇好文章要有精彩的开头，更需要一个令人回味的结尾。苏平从数学课堂教学艺术的角度认为，"恰到好处的结课，不仅使整节课结构完整，而且还含有不尽之意、韵外之致，使学生的思绪从课内延伸到课外，给学生以美的遐思、有益的启迪"。[②] 因而，许多优秀教师都强调结课的艺术性，要求留下悬念，引人遐思；或强调含蓄深远，回味无穷；或强调新旧联系，铺路搭桥。

数学课堂结课是教师在课堂任务终结阶段，引导学生对课堂教学过程中的知识与技能、过程与方法、情感态度与价值观进行再认识、再实践、再升华的教学方式。结课是课堂教学的有机环节，不但总结本节课内容，还为后续学习打下基础。

（二）结课情境的功能

教学的各个环节都承担着一定的任务，发挥各自的作用和效果。结课环节的功能是完成条理化、提炼、升华、引申、拓展教学内容的任务，而不是再次讲授的任务。结课要针对课堂教学内容，与教学内容相互衔接。夸美纽斯在《大教学论》一书中就用"钉子""钩子"和"夹子"来比喻结课中知识梳理、归纳小结、及时评价的作用。

---

① 张玉彬. 理想课堂的构建与实施：一个教研员眼中的理想课堂［M］. 重庆：西南师范大学出版社，2010.
② 苏平. 小学数学课堂教学结课的策略研究［J］. 新课程研究（下旬刊），2016（2）.

数学结课环节可以巩固知识。通过知识梳理，区分重难点，对比易错点和混淆点，加深知识的理解和记忆。通过方法归纳，引导学生运用分析与综合、抽象与概括、判断与推理等方法总结知识要点，明确知识网络结构，培养学科关键能力。

数学结课环节可以反馈教学信息。教师和学生进行归纳总结、区别比较、练习检测，可以检查知识掌握情况，起到查缺补漏、反馈学习信息的作用。

数学结课环节可以激发后续学习兴趣。教师在结课时有意留下疑问或埋下伏笔，能让学生回味和联想，从而激起学生继续学习的积极性，起到"意犹未尽"的效果。

因而，教师设计和实施结课的时候要兼顾结课的多种功能，不仅注重巩固知识和反馈信息，而且要注重培养数学思维、激发后续学习兴趣，体现数学化的内涵和功能。

二、结课情境再设计的价值要求

（一）结课情境设计的现状问题

1. 形式单一随意，缺乏结课意识

结课形式的随意主要表现在不少教师缺乏对小结应有的认识，往往在教案设计中，仅以一个"略"字代替自己在结课环节中"说"与"做"的过程，教学中随心所欲。有的教师则是每节课都问：你学习了什么？有什么收获？实践中采取"课题＋收获"式结题，简单易行，教师只需要依葫芦画瓢就可以了，缺乏研究结课形式方法的意愿，处于浅层次的知识点小结上。

2. 目标主次不分，轻视方法提升

结课目标主次不分主要表现在有部分教师忽视小结的教学功能，目标厘定模糊，只图形式，面面俱到，缺乏重点，或者流于形式，缺乏深度。例如在三角形面积计算中，提问：三角形的面积公式是什么？"底×高"求出的是什么？为什么要除以2？教师只关注知识内容的归纳总结，轻视数学思想方法的渗透和提炼，结课目标缺乏高度和深度。

3. 内容设计失理，缺失教学理念

结课内容设计失理主要表现在个别教师的结课活动设计失当，实际教学中流于形式，学生难以理解和完成学习任务，新课标理念与教学行为相背离。例如在《平均数的认识》结课环节，教师布置课后调查：请调查一周内学校平均每天丢弃几个垃圾袋。通过这项调查活动，你有什么发现？教师的结课采用课外延伸的方式，将课堂知识延伸到课外运用，彰显数学化的思路。但是实际上，教师课后却没有关注、批改和评讲学生的调查作业，而多数学生所做的是家长代劳或随意编造，这说明教师教学理念的缺失。

（二）结课情境再设计的价值

基于数学化视角，我们在设计结课情境时，在追求知识与技能梳理的基础上，还要升华学生对数学的认知，学习数学的情感、态度等方面的积极变化，要从巩固知识转化为完善认知结构，从激发后续学习兴趣转化为经历数学"再创造"，从反馈教学信息转化为提炼升华。

1. 从巩固知识向完善认知结构转化

根据皮亚杰的认知学习理论，学生学习新知识的过程是一个从"平衡—不平衡—平衡"的过程。结课环节可以深化学生对知识内容的理解，有利于学生认知结构的重构，从而形成有意义的个性化的知识系统。结课环节如果仅限于巩固知识，那将会是新授环节新知的再传授、再练习，属于浅层次的知识重复、表象重复，并没有促进学生的有效学习。

数学知识结构是由概念、命题以及蕴含的数学思想方法等构成的知识体系，认知结构是数学知识结构经过学生内化形成的产物。数学化的过程就是学生自主构建未知规律、关系和结构的活动过程，是实现"已有知识经验—形式数学化—数学认知结构"的转变过程。

结课要帮助学生对数学知识进行系统化梳理，形成知识体系。结课环节要回应教学目标、重点和知识结构，反馈学生知识掌握情况，强化重要的概念、法则、规律，通过纵向数学化将"形式数学化"（即所学知识）纳入原有的认知结构，形成新的数学认知结构。在总结中还可为后续学习创设教学意境，紧密前后内容的联系。结课的主体可以是教师，也可以先是学生，再由教师补充完善。

2. 从激发后续学习兴趣向实现知识"再创造"转化

数学知识具有高度的抽象性、逻辑性和应用性，兴趣是后续学习的动力，但是仅靠兴趣并不能帮助学生维持持久而枯燥的数学逻辑推理、分析比较、抽象概括等数学活动。而再创造是数学活动的核心过程与最有效的方法，其再创造的成功感是维持学习兴趣和激发学习动机的有效手段。结课环节是知识的系统归纳，也是承上启下，启迪思维，发展能力，实现知识"再创造"的过程。只是，不同的学生有不同发展水平的"再创造"。

教师结课时要归纳提炼，抓住知识的"来龙"，理清知识的"去脉"，在"再创造"活动中因势利导地提供指导与帮助，让学生自己探索、发现、创造，通过自己的努力获得知识经验。结课环节，一方面可以指导学生练习和实践，培养能力。另一方面可以向学生质疑问难，发展学生智力。结课时可以提出一些有争议的问题，让学生课后思考探讨，发展其思维能力和学习能力。

3. 从反馈教学信息向促进反思升华转化

反馈教学信息是结课环节的独特功能。在课堂结尾，通过教师总结、学生自结或师生共结等方式，可以使学生有针对性地回顾和记忆课堂知识，向老师反馈学习情况。这样使教师能检查自己的教学效果，把握学生对教学目标的达到程度，在后续学习中调整教学进程。

加纳的多元智能理论认为，个体在智能上存在九种不同的方式及发展水平。在数学教学评价标准上，可以实行多元评价；在评价目的上，要促进学生数学发展，为学生多元智能的发展提供机会。善用结课环节，有利于学生多元智能的培养，特别是自知—自省智能的培养；善用结课环节，有利于教师用发展的眼光从不同的视角看待和评价每一个学生；善用结课环节，有利于学生尽可能发现自己的优势，克服自己的不足，从而促进学生个体的主动学习。

反思思维是数学创造的强劲动力，是高阶思维能力，是学生对个体学习的监控和调整。反思主要从学科知识、数学思想方法和元认知等方面切入，教师要引导学生对自己的知识、行为、思想进行反省、评价。以往较多地重视学生学习信息的反馈，如教师设计一些练习活动，从中诊断和了解学生的困难和掌握的程度。目前对蕴含的数学思想方法的感悟和对自己认知过程的认知反思逐渐受到教师的重视。学生通过元认知来了解、检验、评估和调整自己的认知活动，教师通过元认知数据了解学生掌握情况，并进行追踪辅导，调整选择学生更适合的学习方式。

三、数学化视角下结课情境再设计的路径

（一）突出重点，完善认知结构

【案例】《异分母分数加减法》

异分母分数加减法是在学生已经掌握同分母分数加减法以及认识分数的意义和基本性质的基础上教学的，学习思维跨度不大，教师重点放在学生理解和掌握异分母分数加减法的算理。学生通过解决异分母分数的加减法，归纳了异分母分数加减法的计算法则。本来这一环节，应该说作为新课，新授阶段应该相当圆满了。但是有一个学生提问：为什么分数加减法不要对齐分数线？小数加减法又要对齐小数点呢？

数学学习中，计算和思维是同步螺旋上升的，计算教学算理和算法同样重要。异分母分数加减法是学生小学阶段学习加减法的终点课。于是，教师设计了小结环节：在总结完异分母分数加减法的算法后，出示学生以往学习的整数加减法、小数加减法、同分母分数加减法的错例和正例的对比，并设计了以下两个问题让学生交

流：①这几道题目的错误在哪里？②从数学的角度分析，这些错误有什么共通的地方？

正错例对比：

$\begin{array}{r} 234 \\ +52 \\ \hline 286 \end{array}$	$\begin{array}{r} 234 \\ +52 \\ \hline 2392 \end{array}$	$\begin{array}{r} 5.12 \\ +3.23 \\ \hline 8.35 \end{array}$	$\begin{array}{r} 5.12 \\ +3.23 \\ \hline 54.43 \end{array}$

错在哪里，学生非常容易看出来，就是数位对错了。学生在经历了长期的计算训练后，已经形成了较为稳定的计算技能，但其中的算理或许会有所遗忘。教师以此为切入点，先以第一个问题让学生从最简单的对以往计算的数理的回忆入手，让学生明确，只有数位对齐，才能直接相加减，小数计算中对齐小数点位置，所有的数位就会自动对齐了，而数位的对齐只是表象，其数学本质是统一计数单位直接相加减。

这时候教师再抛出第三个问题：我们今天学习的异分母分数加减法和整数加减法、小数加减法的算法相比较，算法上有什么相似性？

有了前面的回顾作基础，学生不难比较得出：异分母分数要先通分，类似于要先对齐数位。新授课部分学生仍然会沉醉于新课中不断强调的通分使分数的分数单位一致，这是由于通分和对齐数位做法差异较大，不太容易直观感受，但是有了前面的回顾做基础，学生就会比较得出：对齐数位和对齐小数点是一致的，而通分，和这两种做法其实本质也是一致的，就是为了统一计数单位。

【评析】本案例讲述了教师在异分母分数加减法教学中的再设计再实施的过程。异分母分数是在同分母分数加减法、分数意义和分数的基本性质的基础上教学，学生只要掌握扎实的通分技能，加上三年级的同分母分数加减法的前置性知识基础，学习本课的思维跨度不大，重点放在算理理解和算法沟通上，说明老师教学理解能力比较强。这位老师增加的这个小结环节，在回顾所学知识的同时，也使学生站在一个新的高度回顾五年在加减法计算方面所学到的全部知识，明白原来不同的方法其实是同一个数学依据的不同呈现，沟通了数学的本质，形成学生的认知结构。

结课环节，许多教师往往停留在本节课知识的归纳小结，忽视思想方法、技能的小结，结课流于形式，不能突出重点、加深理解，结课环节没有发挥巩固知识、完善认知结构的功能。

从上述案例可以看出，结课环节，不仅只是总结归纳知识结构，反馈学习信息，还可以是对课堂教学的一种巩固和提升，固化所运用到的数学思想和积累的数学活动经验，为进一步的学习探究奠定扎实的基础，在思想上引领学生主动学习和学会学习。

数学化视角下，教学不仅是掌握知识，更重要的是培养数学化的思想，学会用数学的眼光分析解决现实世界问题。数学化的过程就是学生自主建构的过程，结课环节是深化学生知识理解、发展学生思维能力、构建认知结构的关键环节。教师要根据课时目标厘定结课目标，结课活动要针对教学的重难点，在学生理解的疑难处、知识的关键处、后续学习内容的连接处展开，注意易错易混淆知识点的比较分析，沟通知识间的内在联系，完善认知结构。

（二）归纳提炼，经历数学再创造

【案例】《找规律》

一年级下册第七单元《找规律》，学生经过观察、操作、交流等活动，初步理解了简单的排列规律是指一组事物依次不断重复地排列（至少重复出现 3 次），主要出现在给定图形或数字中。在结课环节，教师安排了一个个性化创造规律的活动：六一宣传活动，可以设计一些有规律的图案，也可以自己设计动作规律、节拍规律等。要求设计好后在四人小组交流，最后在全班进行展示汇报。展示中，有的小组展示音乐节拍规律，有的小组展示图案规律，有的小组展示动作规律，有的小组展示音乐和动作组合规律。整个展示活动妙趣横生，学生兴致盎然。教师小结：在生活中有许多地方用到有规律的事物，有规律的事物让我们的生活更丰富、更美丽！同学们都要善用自己的眼睛去发现生活中事物的规律。

【评析】本案例的结课是一个开放性的练习，让学生自己创作规律。通过学习，学生知道如果依次不断重复地排列（至少重复3次）就是有规律，已经从语言、图形、动作、数字的表征方式理解了规律的内涵，经历了规律的比较、分析、抽象、概括的过程，初步达成"知识与技能"的目标。但是老师并没有停留在这个层次，而是通过创设一个六一活动的情境，通过解决实际问题将学生的认识扩展到颜色、数量、时间、音乐、动作等方面创作规律，加深学生对规律的全面、综合的理解，体会规律中关系的多样化，在"数"和"形"之间建立联系。学生在创作过程中不仅经历发现规律的过程，培养观察能力、推理能力和动手操作能力，而且在情感态度方面培养了探索数学问题的兴趣，以及发现和欣赏数学规律美的意识。

建构主义学习观重视个体已有知识经验、心理结构的作用，强调学习的主动性、社会性和情境性。它认为，数学知识的学习过程实质上是个体的数学活动及其经验内化的过程。在内化过程中，把新知纳入到已有的认知结构中，从而使原有的认知结构发生质的变化。由此可见，结课的过程需要学生主动参与归纳提炼，才能实现认知结构的质变。

学习数学化是数学学习的最终目的。再创造是数学学习的高级活动，是让数学知识通过现实情境由学生再次"创造"出来的学习方法。教师要站在知识的相对"制高点"上，通过已有的知识，简化遇到的问题进行再创造，在创造中促进知识的内化掌握，促进学习动力的生成。再创造过程中，教师要给予学生指导，使学生既能感受创造的乐趣，又能达到教学要求。

（三）学生本位，实现思想引领

【案例】《多边形的内角和》

本课内容是六年级下册《整理与复习》中数学思考的内容，是基于学生已经认识三角形、长（正）方形内角和以及用字母表示数量关系和数学规律的基础上开展的，以一道习题形式出现的探索规律活动课。教学中，教师引导学生通过观察、操作、类比、归纳等一系列活动，让学生发现多边形内角和与多边形边数之间的关系，并最终得出计算多边形内角和的一般方法。

在结课环节，教师要求学生填写一份"学生自我评价表"，内容如下：

1. 求多边形的内角和的方法，我掌握了吗（　　　）

　　A. 不能掌握　　　　　　　　B. 基本掌握

　　C. 掌握并能应用　　　　　　D. 掌握并能灵活运用

2. 我能认真听老师讲解，听同学发言吗（　　　）

　　A. 一直能　　　B. 有时候可以　　C. 很少能　　　D. 不能

3. 我是否能积极参与小组讨论活动，并与他人合作（　　　）

　　A. 能积极参与小组合作　　B. 一般　　C. 不能参与小组合作

4. 是否善于思考，并能有条理地表达自己不同的看法（　　　）

　　A. 善于思考，能有条理地表达自己的观点

　　B. 善于思考，但不能表达自己的观点

　　C. 不善于思考，表达不出自己的观点

　　D. 不愿思考

5. 对自己这节课的表现，我认为（　　　）

　　A. 很好　　　　　B. 比较好　　　　C. 一般　　　　D. 不好

【评析】本案例在原有对多边形内角和知识目标的归纳基础上，增加了学生元认知评价的环节。通过"学生自我评价表"进行元认知评价，反思自己的学习情况，培养学生养成良好的学习习惯，及时调整学习的状态，提高学习的能力。老师利用 Aischool 平台资源

投票功能，让学生完成元认知调查，及时统计和反馈学生完成的数据。利用这些数据，教师可以马上清楚地知道本节课学生的学习情况，方便教师调整自己后续的教学内容。

　　数学思想是数学学习的灵魂，"游离"状态的数学知识通过数学思想才会凝结成优化的知识结构。因此，结课设计，要注重知识的归纳整理，更要从思想方法层面上加以引领，使新旧知识之间产生关联。例如，在三角形面积计算公式推导过程中，不仅要学生理解其意义，更要突出其推导策略——化归的数学思想，即通过将新知识转化为旧知，最终实现问题的解决，深化认识。

　　儿童所理解和建构的知识具有明显的个体意义，每个人都有自己的学习方式和学习进度，加强元认知监控可以帮助学生自觉了解、监控和调整学习进程。每节课教师利用 Aischool 网络教学平台、问卷星或问卷反馈等方式，在每节课结束前，让学生对今天所学的知识和表现做元认知评价。学生可以通过评价对自己的学习目标进行评估，及时调整自己的认知活动。教师可以利用平台所给出的数据，清楚地了解到本节课学生的掌握情况，课后可以有针对性地进行追踪辅导。同时，教师也可以从数据中知道学生更喜欢哪种学习方法，在今后的教学设计中，就可以有所调整，选择更适合学生的教学方式。

第四章　小学数学化教学方式的再设计

数学是一门综合性较强的学科，有着广泛而深刻的学科知识，在长期的教学中，已经形成了较为固定的教学方式，即通过教师讲授帮助学生学习新的知识，然后再利用作业等形式促使学生巩固、掌握知识，达到对知识点的消化吸收。在教学改革不断推进的今天，教师需要不断优化改进教学方式。

在推进小学数学化课堂教学方式的实践中，我们不仅从教师的角度出发，还基于学生发展的角度，从"概念理解""技能习得""问题解决"等方面来探索课堂教学的变革，科学地开展教学方式再设计的研究。

认知取向学习理论最适合解释学生学习中特定领域内原理理解的获得，即某一领域内的成功取决于具有对问题空间、理论结构的恰当表征。其研究成果对于我们深入研究学习过程、了解知识和策略的相互关系，在不同认知情境中应用原有的知识基础自觉地促进学习的迁移、完成教学方式的再设计都大有帮助。

第一节　"概念理解"教学样式

数学概念反映事物在空间形式和数量关系上的本质属性或关键属性，是数学知识体系中最基本的结构单位。学生正确掌握一定的数学概念是数学课程标准规定的基本任务，也是学生具有数学关键能力的基本要求和标志。

《义务教育数学课程标准（2011 年版）》在关于课程基本理念的内容中提出：数学课程内容既要反映社会的需要、数学学科的特点，也要符合学生的认知规律。它不仅包括数学的结果，也包括数

113

数学化思想视角下的教学再设计

学结果的形成过程和蕴含的数学思想方法。有据于此，我们在进行数学概念教学时，必须明确数学概念的掌握不仅仅是会背定义，还要辨别概念的本质属性和一般属性、会概括表示为定义、能够举出正例和反例、能够从抽象到具体。这是从具体事物中抽象出数学化的形式，用概念表示出来，然后通过举例、应用等方式加以具体化，也就是"概念数学化"的过程体现。

皮亚杰的认知建构主义学习理论认为，认知过程是一个建构过程，包括图式、同化、顺应及平衡四个方面。个体通过同化和顺应两种认知过程，在不平衡与平衡的变化中，形成认知结构。现代认知心理学理论为我们的小学数学概念教学提供了精准的指引。

概念教学的过程包括概念理解、掌握和运用三个阶段，"概念理解"是其中重要的关键阶段。对此，我们开展了数学化教学再设计实践，重点围绕"概念的形成"和"概念的同化"两个教学过程实施研究。研究表明，教师可根据学生原有的认知经验，对应采取"爬梯式"和"导图式"两种教学样式，制造"平衡—不平衡—平衡"的认知冲突过程，帮助学生建构新的认知结构或图式，形成科学的概念系统。

一、爬梯式："概念的形成"教学样式

奥苏贝尔概念学习理论认为，概念形成包括辨别、分化、类化、检验、概括与形式化等几个阶段，是根据人类的认识过程，"发现"概念的本质属性，获得概念的过程。这说明概念学习经历"感知—概括—应用"的过程，是以学生的直接经验为基础的，是认知结构的顺应过程。

通过课堂教学实践，我们发现"爬梯式"教学样式能较好地顺应学生的思维发展阶段，帮助学生建构理解、巩固和应用概念的过程，实现概念的形成。

（一）"爬梯式"教学样式的内涵与外延

根据林崇德的《心理学大辞典》[①]，概念（concept）是人脑反映客观事物本质特性的思维形式。对概念的分析，主要从概念的名称、内涵、外延、定义四个方面入手。概念的定义是指用特定的词语和符号概括概念所代表的共同特征，概念的内涵是指概念反映的事物的共同关键特征，概念的外延是指概念所包含的所有对象。概念的内涵越大，它的外延就越小，反之亦然。

1. 内涵

小学数学概念是单元学习的主要内容，也是后续学习的基本元素。由于小学生思维的特殊性，小学数学概念的呈现方式则具有特殊性。其呈现的科学概念与日常生活中的概念含义是不同的，如角的概念，生活中有"桌角""墙角"的含义。同一个数学概念的定义方式有多样性，如角的概念，有静态和动态的表述，可以表述为具有公共点的两条射线组成的图形，也可以表述为一条射线绕着它的端点从一个位置旋转到另一个位置所形成的图形；这两种表述都反映其本质属性，但表述方式不同。此外，小学数学概念还具有发展性，随着学生年龄的增长不断完善，如圆的概念，小学阶段用图形来说明什么是圆，中学阶段给出圆的定义：平面上到定点的距离等于定长的所有点组成的图形。又如分数的概念分两个学段学习，第一学段结合具体情境初步认识分数，会读、写，第二学段要求结合具体情境，理解分数的意义。小学数学概念还具有逻辑联系，许多概念是在原始概念的基础上形成的，概念通过一定的逻辑相关联性构成结构严谨的概念体系。可见，小学数学概念的特性影响数学概念教学的策略。

综上，根据小学数学的概念特性和概念形成理论，我们提出"爬梯式"教学样式。"爬梯式"教学样式类似一个爬梯子的过程，

① 林崇德. 心理学大辞典［M］. 上海：上海教育出版社，2003.

前一步完成以后，才能进入下一步。在一段时间内对某一主题的理解呈线性上升状态，是从低水平到高水平、从简单理解到复杂理解的学习进程。

2. 外延

"爬梯式"学习进程关注学生认知发展阶段和概念掌握的关系，帮助教师了解某个重要概念理解的发展路径，也能清楚知道本年度学生对该概念的理解处于路径的哪个阶段，如何从上一个阶段发展而来，又如何向下一个阶段发展。"爬梯式"教学样式可以帮助教师了解学情，组织教学活动，也可帮助教师了解概念之间的关系和脉络，更好地把握学习内容的深度和广度。

例如，有余数除法学习，儿童正处于具体运算阶段学习，这是思维从表象性思维的概念化活动过渡到概念性思维的阶段。儿童能够进行逻辑推理，但其运算需要具体事物的支持，因为认知活动具有守恒性和可逆性。教学时，通过小圆片、小棒等自己动手分一分、摆一摆，理解为什么有的能除尽、有的还有余数、余数一定比除数小的道理，建立竖式和分小棒之间的联系，初步获得"余数"的概念。

教师了解学生"爬梯式"学习进程的阶段特点，有利于根据所处的"阶梯"设置教学目标，选择教学方法，开展相关的实践活动，实现教学方式的多元化。爬梯式学习进程还能帮助教师了解"阶梯"之间、具体学习目标之间的前后联系，帮助学生精准地建立概念间的联系，教师的教学内容和教学方法符合学生认知能力范围。"爬梯式"教学样式还强调学生学习路线可以一样，但是学习可以有快慢先后，教师可以确定学生水平，更好地因材施教。

（二）"爬梯式"教学样式的适用范围

《义务教育数学课程标准（2011年版）》将小学数学教学内容分为四大板块，即"数与代数""图形与几何""概率与统计"以及"综合与实践"，其中概念教学集中呈现在前三个板块，"综合与实践"以问题为载体，帮助学生积累数学活动经验，不涉及新概念的教学。前三个板块中概念主要包括：数的概念、运算的概念、量与计量的概念、几何形体的概念、方程的概念以及统计初步知识的有关概念等。各板块概念内容"螺旋式"上升，前一阶段概念是后阶段学习的前提和基础，后一阶段是前一阶段的延伸。教师要整体把握小学阶段数学概念内容，了解各水平阶段要求，并按学生的年龄特征和心理发展规律，运用合理的教学策略进行概念教学。

"爬梯式"教学样式主要依赖学生对具体事物的概括，因此教学主要运用于学生可以通过个体或小组活动经验"发现"本质特征的概念学习中。"爬梯式"教学样式运用在一节课时，从辨别、分化、类化、抽象、检验、概括这六个层次进行概念的"形式化"。从概念感知阶段，经过认知加工，初步形成概念，最后到运用概念、形成概念系统化。这个过程是学生从大量的同类事物的不同例证中发现该类事物的本质属性，经历一个从"无"到"有"的过程，认知水平也从简单理解到复杂运用的过程。

"爬梯式"教学样式还可以运用到一个单元或一个主题内容中。通过认知同化和顺应，从直观表象阶段发展到具象阶段，再通过反馈与评价，修正或巩固新概念，进入到概念的抽象阶段。

（三）"爬梯式"教学样式的运行方式

"爬梯式"适用于"概念的形成"的教学样式，其运行方式见下图。"爬梯式"教学过程主要经历"直观感知—认知加工—形成概念—巩固运用"四个阶段，思维遵循"具象思维—形象思维—抽象思维—具象思维"的发展路径。

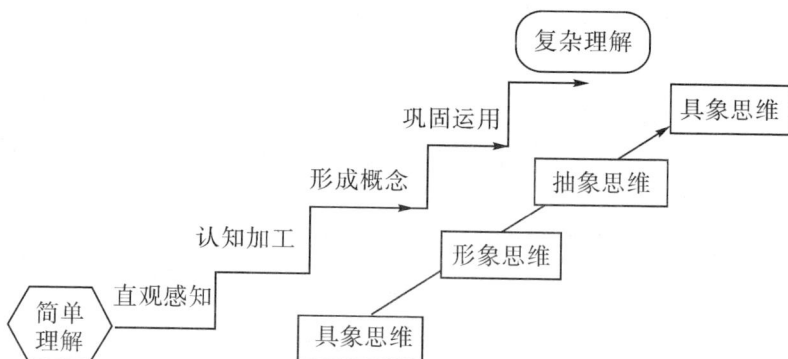

"爬梯式"教学样式的运行方式图

（1）概念的直观感知阶段。教师通过设置问题情境，学生进行观察、实验、操作，形成概念的具象。教师设置的问题需要引发学生的数学思考，提供的材料要丰富、典型，能突出概念的本质属性。这时，学生的思维处于具象思维的初级阶段——直观动作思维，需要借助物象（即感官对事物具体形象的感知）进行思考。加强感知、操作、语言等活动，丰富学生的活动经验，形成数学表象，促进其具象思维向形象思维过渡。

（2）概念的认知加工阶段。在教师组织的活动中，学生通过对典型事物进行辨别、分化、类化，分析、抽象、概括出某类事物的本质特征，形成概念关键特征的意义表征。这个阶段，学生的思维从具象思维走向形象思维阶段。教师要从学生的知识和经验基础出发，延长其认知加工过程，帮助学生在具象中转换为头脑中的表象。

（3）概念的初步形成阶段。教师讲解新概念的内涵或外延，学生通过归纳与演绎推广到事物的普遍现象，并和已有概念相互作用，初步形成新概念结构，概念进入符号化阶段。学生思维经历了从形象思维到抽象思维的阶段。这个过程，要找准学生认知难点，适时进行数学化的抽象概括，帮助学生解决从形象思维到抽象思维的思维困难。

（4）概念的巩固运用阶段。运用所学新概念进行推理、判断、解释等活动解决问题，发展和巩固概念的认识。通过反馈与评价，学生的新概念得到修正或巩固。这个阶段，学生的思维从抽象到具象，把抽象的概念以具象化的直观形式表达，能个性化、创新性地理解概念，反映了学生对概念的理解程度，也拓展延伸了数学概念。

（四）"爬梯式"教学样式的典型单元课例

课例（一）：人教版义务教育教科书（2013版）三年级上册第八单元第一课时《几分之一》

【单元备课分析】

1. 本单元内容在学生发展中的地位

分数概念是小学阶段中非常重要的数概念。从整数到分数，是自然数系的第一次扩展，也是学生认识的一次质的飞跃。相对于整数而言，分数概念较为抽象而且有多种理解方式。为此，课程标准及教材将分数的学习分别安排在两个阶段：三年级（分数的初步认识）和五年级（分数的意义和性质）。三年级的学习重点主要是借助"切苹果""分蛋糕""折纸片"等情境，知道分数的产生，理解分数表示"部分—整体"之间的比率关系，能读写分数，能比较两个同分母分数的大小。五年级的学习重点是较为准确全面地认识分数的意义，会进行小数、分数的转化和比较。因而，本节内容是学生学习分数概念的起始课，是本单元教学内容的核心知识，对以后的学习有至关重要的作用。本节内容能借助实物模型、面积模型、集合模型、数线模型等丰富学生的认知表象，帮助学生初步理解分数的意义，体会数学发展过程中创造的价值，发展学生的多元表征能力。

2. 学情分析

三年级的学生以感性认识为基础，对概念的理解和掌握需要依赖对感性材料的概括。而学生在二年级的时候已经学习了平均分的意义，对"分苹果""分月饼"等具有"分数"学习的操作体验，为本课学习提供了感性基础。

但是，分数概念的初始建立是学生的认知难点。其一，学生在以往的学习和生活中接触分数的机会很少，而分数的含义、读写方法等内容与学生熟悉的自然数又有很大差异，如基于平均分的份数不同可以产生不同的分数单位，不同的量可以用表示相同比率的分数表示，因而造成学生的数学活动经验积累缺失和断层。其二，认识分数时，学生普遍认为只有分得的每个部分形状一样才能叫平均分。其主要原因在于教师提供的图例都是平均分成形状相同、大小相等的图形，采取的验证方法基本上是用对折完全重合的方式，因而造成学生对分数的认知偏差，使学生将平均分等同于"互相重合"。教学中，需要通过完善概念的意象，引导学生正确认识与理解图形的平均分，进而理解"分数"概念的本质。

课例导读：数学概念属于理性的东西，具有抽象性的特点，难以理解和掌握。学生掌握概念的过程是一个从具体到抽象、从直接认识到间接认识的逐步形成和发展的过程。因此，要使学生深入理解概念，灵活运用概念，教学中就必须注意概念的引入、形成和巩固的过程，让学生经历"数学化"的"再创造"，从而建构数学概念模型。下面让我们看看回民小学梁冠殷《分数的初步认识》的教学案例。

【教学"再设计"意图】

1. 感知生活中的分数，了解分数产生的价值

现代社会的孩子，公平地分发东西的事情常有发生，这为学生学习分数奠定了生活经验基础。而分数的产生源于两种需要：一是分东西的过程中，当整体中的"部分"无法用自然数来表示，就产生表示"部分"的需要；二是计算过程中，当不能用自然数表示计算的结果时，就有刻画这类除法运算结构的需要。第一学段所学习的分数主要是基于第一种需要而产生。因此在教学设计中，教师应该提供丰富的学习素材，让学生通过不同的实物模型（月饼、苹果、

蛋糕)、面积模型(长方形、正方形和圆)、集合模型、数线模型等方式方法,丰富学生的认知表象,从而体会分数产生的创造价值。

2. 借助直观模型和操作,理解分数含义

学生在充分的自主操作、合作交流、独立思考中理解和完善分数的意义,其对分数的抽象理解过早或过晚都不利于数概念的发展。一方面,在分数初步认识阶段,学生的活动要与直观模型紧密结合。一开始需要利用不同的实物模型、面积模型,使学生对分数有一个具体的认识,无须急于让他们理解抽象分数的意义。另一方面,要为学生提供动手操作、独立思考与合作交流的素材。教学中为学生提供大量学习的素材,让学生在动手活动中体验、认识分数,如"分一分""折一折""涂一涂"等。

3. 注重主体参与,培养几何直观能力

几何直观能力是借助几何图形的形象特点对数学研究对象进行直观感知和整体把握的能力,是《义务教育数学课程标准(2011年版)》在课程目标"数学思考"中首次明确提出的目标。分数概念既有"数的特征",也有"形的特征",是进行几何直观能力培养的良好载体。教学中,注重激发学生的主体参与意识,借助实物模型、面积模型、数线模型,采取数形结合的方式,通过动手、动脑、动口等多种表征的联动,体会分数的本质意义,积累利用图示学习数学的经验,感受几何直观的价值。

【教学目标】

(1) 通过实践活动初步认识"几分之一",经历认识"几分之一"的形成过程,理解并体验"几分之一"的意义,会读写"几分之一"的分数。

(2) 通过数学活动,培养动手操作能力、观察能力及数学思考与语言表达能力。

(3) 激发学习数学的兴趣,体会分数与现实生活的联系,初步了解分数在实际生活中的应用。

【教学重点】会读写"几分之一",初步知道"几分之一"的含义。

【教学难点】突出平均分,建立"几分之一"的概念。

【教学过程】

教学环节	教学过程	设计意图
直观感知阶段	1. 创设情境，感知平均分 把4个月饼、2个月饼、1个月饼分别平均分给2个小朋友，每个人分到几个？ 2. "半块"用哪个数表示，从而引出课题	通过学生生活中的问题激活学生的思维，引发矛盾冲突，理解分数产生的价值和必要性，并加深对平均分的理解
认知加工阶段	1. 课件演示，初步构建二分之一 （1）课件的动态演示明确平均分，并同步完善板书。一边大、一边小是不是平均分？平均分成两等份（图像动态分离），其中一份是原来的1/2，另一份也是原来的1/2。 （2）同桌互说，加强对1/2意义的初始理解。 （3）学习1/2的写法和读法。要求联系直观图说明。 2. 动手操作，加深理解二分之一 从准备的学具中选一个图形，折出它的二分之一，涂上颜色，并想一想、说一说。 提问：为什么圆片的大小不同，涂色部分都是1/2呢？用正方形、长方形、三角形表示的，为什么这些图形不同，涂色部分都是1/2呢？	通过等分整体的操作活动，以及对整体和部分的观察比较，初步感知平均分和二分之一的意义 通过折、涂、说等活动，加深学生对二分之一的理解。明确二分之一的本质含义：虽然图形大小不同，或者涂色部分形状不同，但只要是把一个物体或图形平均分成两份，表示其中的一份，都可以用1/2

（续上表）

教学环节	教学过程	设计意图
形成概念阶段	1. 类比推理，认识几分之一（自学例1） 2. 小组合作探究"四分之一" 提问：为什么不同形状的涂色部分都是它的1/4？ 3. 小结 观察这些分数，有什么共同点？	通过自学认识几分之一，实现数学知识的迁移 "创造"分数是学生依据个体生活经验和认知体验进行的尝试。第一次操作是经验式、体验式的尝试。第二次操作是有意识地动手创造，是完整的意义建构
应用概念阶段	1. 看图写分数 书第96页"做一做" 2. 判断 3. 举例 找出生活中的例子，并用一句话表述。 4. 说说本节课的收获 有什么收获？用什么方式学习？哪个环节表现最好？	设计不同层次的练习，采取数形结合的方式，通过动手、动脑、动口等多种表征的联动，感受和生活的联系，提高语言表达能力

【课例评析】

1. 合理确定认知起点，体会分数产生的需要

《分数的初步认识》一课的教学设计中，引入环节就设计了联系旧知"平均分"，让学生在解决"平均分"问题的过程中，亲身体会分数产生的需要。由于这是一节起始课的教学，在五年级学生再次学习分数意义时，会教学分数是如何产生的，因此在本课的教学中不宜讲得太深入，而本设计则恰到好处。

本课的设计顾及了学生学习的主体性，让学生动手操作理解"半个"，并通过直观的课件演示基于正确经验建构数学概念。分开

后的每一份和原来月饼"分离",清晰地看出"一半＝一半",一等份就是原来的二分之一,从而把学生模糊的经验改造成正确的经验。这样基于学生已有经验,正确建构概念。

2. 经历"再创造"过程,加深分数概念的理解

心理学的研究表明,分数概念的抽象性及其理解方式的多样性,是儿童理解分数概念的困难所在。儿童通过不同的方式表征同一分数概念的能力,代表了学生对分数概念的理解水平。在最初接触分数时,先是从"行为"(平均分物体)入手,再通过图形表征认识分数,最后语言和文字抽象并表征出分数的数学符号。

本课设计了在讲授1/2的知识后,学生用各种图形表示1/2的操作活动,让学生真正理解1/2的含义:不论图形的形状、大小如何,只要是平均分成两份,那么其中一份就是这个图形的1/2。这是学生自己操作得出来的,是学生在动手中亲身感受、体验、探索出来的,这样学生对1/2的理解就更深刻了。

3. 注重数形结合,构建分数概念模型

学生在以往的学习和生活中接触分数的机会很少,而分数的含义、读写方法等内容与学生熟悉的自然数又有很大差异。本设计注重联系学生的生活经验,提供几何直观和操作活动,帮助学生认识、感悟分数的含义,探索解决问题的方法。一方面,借助学生的生活经验,紧密结合具体情境认识分数。例如,在引入部分创设了"分月饼"的情景,唤起学生经验,激发认知冲突,引出新知,体会分数产生于生活实际。另一方面,注意借助几何直观,提供充分的活动机会帮助学生认识分数。采取数形结合的方式,通过动手、动脑、动口等多种表征的联动,体会分数的本质意义,积累利用图示学习数学的经验,感受几何直观的价值。

课例（二）：人教版义务教育教科书（2013 版）五年级下册第二单元第一课时《质数和合数》

【单元备课分析】

1. 本单元内容在学生发展中的地位

本单元"倍数和因数、质数和合数"概念是数论中最基本、最重要的基本概念。本单元在学生学过整数的认识，整数的四则运算，小数、分数、负数的认识等知识的基础上展开，是后续学习公倍数与公因数、约分、通分、分数四则运算等知识的基础。而本节内容是在因数概念的基础上，根据某数因数个数的特征，提出的质数和合数的概念。通过学习，使学生经历概念的认识过程，积累探索数特征的活动经验，学会归纳、类比的方法，发展初步的合情推理能力。

数论中，自然数的研究主要是理清其构造。从和的角度，用"拆分"的方法来研究一个自然数，把每个大于 1 的自然数可以表达为两个或两个以上自然数的和，表示方式不唯一。从乘法角度，用"分解"的方法把每个自然数表达为两个或两个以上自然数的乘积，彻底分解后表达方式唯一。两个自然数结构上的不同可以通过"分解"显现，说明质数和合数概念为我们研究自然数的构造提供方便。明确概念形成的依据和作用可以激发学生学习的兴趣，使他们初步了解数学研究的方法。

2. 学情分析

本单元知识内容多，概念多、比较抽象，与学生生活实际有较大的距离，学生理解存在困难。从学习结果看，学生一方面不能正确迅速地进行判断，另一方面对自然数的分类标准理解模糊。经分析，原因主要在于，小学生的思维具有具体形象性，需要让学生亲身经历概念的生成过程，深化概念分类依据的理解和概念的建构过程。根据心理学的记忆遗忘规律，概念比较抽象，内容比较相近，学生容易遗忘和混淆，教师要及时组织对自然数分类的对比辨析，使概念清晰。

> 课例导读："爬梯式"教学，是顺应学生的学习需求，让学生经历从"具象思维—形象思维—抽象思维—具象思维"的过程，从而构建清晰准确的概念。让我们看看越秀区东风西路小学杨莉老师如何采用数形结合的策略，利用爬梯式教学样式，强化质数和合数概念的学习过程。

【教学"再设计"意图】

小学数学概念的建立，一般需要经历从具体到一般的抽象概括过程。像质数与合数这些抽象的内容，很难结合儿童生活的实例诠释其意义，因而学生理解起来有一定难度。为此，本设计借助"数"的抽象性和"形"的直观性帮助学生建立正确的数概念，解决概念的抽象性与概括性的问题。由于"形"的材料常常是最有效的，教学时向学生提供大量感性材料，把质数与合数知识的教学目标巧妙地融于图形的拼组中，从而探索出小正方形的个数与拼成的个数之间的关系，进而去感知质数与合数。这种数形结合思路的选择，不仅加深了对数理解，而且在数形关系的探究过程中突出研究质数与合数现象的实际意义。另外，数形结合的过程需要学生经历自我感知的探究过程，丰富了学生的数学活动经验。

【课例评析】

1. 借助动手操作，体现数形结合的数学化过程

质数和合数的教学中，学生的难点是学会判断一个数是质数还是合数，教师教学的重点就应该放在如何指导学生判断，并给学生一定的时间独立练习形成技能。因此，在质数和合数的教学再设计中，老师提供学习的材料，利用学具进行摆拼，通过操作建立概念的表象。在 12 个小正方形拼成的 3 种长方形中，建立"只能拼一种——只有 1 和它本身两个因数——质数"，"还有别的方法——还有别的因数——合数"这个过程的内在联系。通过数形结合，化抽象为具体，既理清了数与数之间的关系，又发展了学生的空间想象能力。

2. 重视模型思想，体现概念教学的有序性

本课体现"动手操作，充分感知—观察图形，建立表象—抽象概括，理性认识—理解应用，完善建构"的概念形成过程，符合概念形成教学规律。此教学的再设计，老师从 3 个或 4 个小正方形的拼组，到 12 个小正方形的拼组，再到 2～12 个小正方形的拼组。学生的关注从图形到图形的数量，初步感受数与约数个数间的隐性联系；再从课堂讨论逐步聚焦于数的性质，亲身分离出数与因数个数间的内在联系，主动获取对概念的感知，从而加深概念的理解；最后在此基础上通过完成表格的实践活动，明确数与因数个数之间的联系，确立质数与合数的概念。这个过程，渗透"列举—观察—猜想—验证—结论"的数学模型思想，学生调整认知结构，感悟数学建模思想。

3. 注重层次性练习，体现学习方法的指导

练习是巩固知识、形成技能、发展能力的重要手段，教学中要关注学生独立练习的时间和学习方法的指导。教师通过多个数的判断练习，让学生明晰判断方法的核心。这样的练习设计，使学生掌握了从小到大、由简到繁的有序思考方法。教师还安排了系列层次性强的练习活动，从判断到运用，使学生内化方法为技能。

二、导图式："概念的同化"教学样式

数学概念是体现事物在空间形式与数量关系方面的本质属性，具有抽象性和具体性，是在具体事物的基础上进行的抽象，抽象的数学概念又有事物的模型。但是有些教师在开展概念教学前教学准备不充分，备课时未充分分析学生问题，没有将教学重难点放在补充、重组与科学概念不一致的前概念上。还有些教师本体性知识缺失，在解释概念时，语言不严谨或者例证不全面。这些都会增加学生学习概念时的困难，让概念道不明、讲不准。

奥苏贝尔概念学习理论认为，概念同化是利用学生已有的知识经验，以定义的方式揭示概念的本质过程。概念的同化是学生认知

结构的补充完善过程，也是"已有知识经验—形式数学化—数学认知结构"的转变过程，是学生数学化的建模过程。

课堂教学实践证明，"导图式"教学样式能很好地完成概念同化的教学任务。"导图式"教学样式是以学生已有的经验和知识为基础，借助直观图式的桥梁作用，帮助学生沟通感知、操作、实验过程中的具体形象思维和概念的抽象逻辑思维之间的联系，建构理解、巩固和应用概念的过程，实现概念的同化。

（一）"导图式"教学样式的内涵和外延

1. 内涵

奥苏贝尔的概念同化理论是以学生原有经验的概括和新旧知识的联系为基础的。也就是说，概念同化理论是以学生的间接经验为基础，而学生是经过"定义或描述—同化—强化"等学习过程的，主要依赖于学生对经验的概括和新旧知识之间的联系，补充完善原有概念的认知过程。

图式理论认为，图式是一种特殊的认知结构，是围绕某一个主题储存于人们大脑中的知识组块、知识单元、知识系统。这种组织对学生的认知结构具有积极的影响，能够帮助学生建立良好的认知结构。图式具有概括性、有序性和形象性的特点，对学习和思考的内容具有高度概括性，有序地反映事物的本质规律，其反映描述的是知识而不是概念，是具象与概念之间的桥梁。图式的发展是个能动的过程，其变化是通过对旧有图式的改建、重组，获得新的图式。

小学生的认知发展处于具体运算阶段，认知结构已经具有了抽象概念，但缺少运用抽象逻辑思维对概念进行完整建构的能力。作为概括化、有序化、形象化的图式，能迅速体现知识的本质，将知识体系串成线、织成网。学生能有意识地将新知识纳入到已有的图式，改造、重组已有图式来创建新图式，将孤立的教学内容结构化、简约化，提高学习的效率和学习兴趣。

综上，根据概念同化理论和图式理论在小学概念教学中的特殊作用，我们提出"导图式"教学样式。利用图式工具，把新知识和原有知识联系起来，把新知识纳入到原有概念知识体系中。"导图式"教学中，学生的认知结构是新知识的发展点，良好的认知结构也是学生后续学习的基础。

2. 外延

"导图式"教学是促进个体能动发展的过程，包含三个层次：增生、调整和重构。增生是在原有图式的基础上进行事实学习，图式没有发生实质的变化，但图式中的某一变量因为事实得到充实。调整是原有的图式发生变化，并在原有经验的基础上修正和调整，形成新经验。重构是创建的新图式代替并融合原有的旧图式，在学生脑海中形成新认知结构。"导图式"教学强调学习是个体的经验主动建构，并不断地修正、完善形成新图式的过程，概念的记忆也是在理解的基础上进行的。

导图式教学中利用的图式工具主要包括图解法、列表法和流程法。

（1）图解法。对于一些具有相关性的知识点，通过学生自主地画图分解，把抽象的知识具体化，反映知识结构的整体性。图解法将与主题相关的所有知识点整合起来，主题突出，便于记忆，强调知识的整体性，有利于形象思维、发散思维和聚合思维的培养。

（2）列表法。概念学习中将学生容易相互混淆的内容用图表的方式呈现，方便学生进行对比分析，明确异同，以达到对概念正确理解的目标。

（3）流程法。指通过色彩、线条、文字、箭头或图形等方式，以变化的知识或过程性知识为基础，绘制出的知识流程。流程图将人脑的思维方式形象化、外显化，让知识的学习变得更直观，更易于掌握。

（二）"导图式"教学样式的适用范围

概念教学的过程包括概念理解、掌握和运用三个阶段，教师要引导学生从全局上学习数学概念，在彼此关系中把握学科概念和规

129

律,整体掌握数学概念体系。"导图式"教学样式利用图式工具,帮助学生进行概念体系的增生、调整和重构。这个过程,教师要关注对教学内容的整体思考,关注知识的系统性,关注学生认知结构的构建,为学生创设一个现实的、探索性的数学活动,让学生在掌握知识与技能的同时,形成数学化的思维能力。因此,"导图式"教学主要运用于概念体系较严谨、新旧知识联系紧密的概念学习中。

"导图式"教学可以用于一节课,也可以用于一个单元、一个主题。教师利用清晰的图式,梳理知识;根据不同学生、不同概念构建具有个性化的图式;利用图式突破和辨析教学的重难点。"导图式"教学构建的概念建立在学生原有的概念体系基础上,掌握的概念条理清晰、有根有据。概念体系的牢固构建,有利于概念的应用和发展。

"导图式"教学还可以用于概念同化教学的集体教学过程、小组协作过程和个体化概念学习过程中。"导图式"教学,丰富概念学习内容,清晰生动展现概念间联系,帮助学生理解和记忆知识,提高概念运用水平和解决问题的能力。

在集体教学过程中,教师主要利用图式的特点,构建学习情境,梳理知识结构。图式是连接学生具体形象思维到抽象逻辑思维的桥梁,利用图式突破概念教学难点,形象突出教学重点,厘清教学难点,全面展示概念知识体系和概念发生过程。

在小组协作过程中,主要是利用图式可视化的优势,进行问题的讨论和探索的辅助工作。利用图式提供概念探究的路径,可以弥补小学生探究经验缺乏的问题,使探究目标明确、操作有序、思维流畅。利用图式进行小组研讨,小组成员可以充分展示自己的观点、见解和思路。图式的绘制和修改简捷,可以及时完善和修改,有利于归纳小组意见,提高讨论效率。图式也可以形象地反映组内成员的思维特点,有利于教师对学生思维方式的指导和评价,促进学生思维水平的提高。

在个别化学习过程中,图式有利于支撑自主学习。在概念学习的结课环节或者课后环节，学生利用图式，回顾课堂内容，建立已有知识和问题的联系，构建自身知识结构体系，进行自我诊断和反思。作为学生自主学习的有力支撑，在个别化学习过程中，主要是促进学生的自我反思和自主探究，形成对知识的再认识、再提高。

（三）"导图式"教学样式的运行方式

"导图式"是适用于"概念的同化"的教学样式，其运行方式见下图。完整、正确地掌握数学概念需要学生自身数学认知结构的增生、调整和重构。"导图式"教学，让学生借助已有图式和知识经验定义、增生新概念新图式，利用正反例证强化策略和变式策略同化概念，利用精细加工、难点加工和整体加工策略强化概念的系统化。

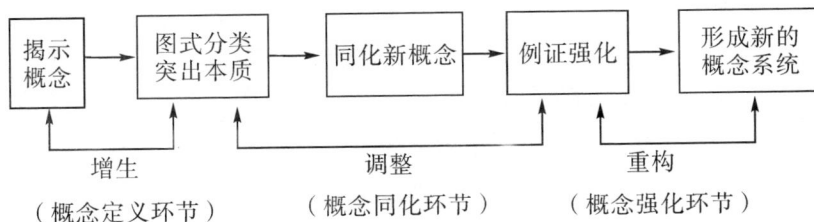

| 揭示概念 | → | 图式分类突出本质 | → | 同化新概念 | → | 例证强化 | → | 形成新的概念系统 |

　　增生　　　　　　　　调整　　　　　　　　重构
（概念定义环节）　（概念同化环节）　（概念强化环节）

"导图式"教学样式的运行方式图

（1）概念定义环节。依据概念的同化规律，在提出概念的名称和定义的基础上，直接揭示本质属性；然后通过图式工具对概念进行分类探讨，在探讨的过程中呈现概念的各种属性，突出概念的本质。它是在学生头脑中的旧图式的基础上进行辨认的，包括对旧知识的回忆和重现，以及新旧概念间的连接和生长，从而突出新概念的本质属性，排除非本质属性。这时，旧图式未发生本质变化，还依赖于旧图式，是在旧图式基础上的扩展或修改。

（2）概念同化环节。通过图式，建立新概念和原有认知图式之间的联系，将具体事件抽象成为概念，深刻理解概念的内涵与外延。图式作为符号化的工具，直观形象呈现概念异同，突破概念教学难点，优化概念知识结构，系统全面展示知识体系，将抽象的概念具体化、形象化、趣味化。同化环节，进行正反例证强化和变式练习。先正面举例再反面举例，正面强化能获得正确的第一印象，帮助学生进行概念的理解，获得比反例更多的有效信息。合理变式练习，通过改变非本质特征的方式与角度，突出事物本质特征的重点研究，凸显隐蔽的关键要素。这个过程通过获取信息，对旧图式进行调整和改造，使概念不断精准化和完善化，从而形成新的具有学生个性特点的图式。

（3）概念强化环节。在实际应用中强化概念，把所学的概念纳入到新的概念系统，形成具有个性化的概念图式。利用图式，不再是对个别概念的复述和记忆，而是放在概念体系中进行精细加工、难点加工和整体加工强化。利用图式工具，师生系统归纳，理清脉络。整理的过程，可以师生共同完成，也可以学生"理"为主，教师"引"为辅，还可以通过小组合作提出"先怎样，再怎样……"的过程性、目标性问题引导整理交流。形成新图式的过程就是学生思维发展的过程，也是认知结构重构的过程。

（四）"导图式"教学样式的典型单元课例

课例（一）：人教版义务教育教科书（2014 版）四年级上册第五单元第一课时《平行与垂直》

【单元备课分析】

1. 本单元内容在学生发展中的地位

平行与垂直是同一平面内两条直线的两种特殊的位置关系，它是在学生认识了直线、线段、射线的特点，学习了角及角的度量等知识的基础上学习的。在"图形与几何"的领域中，垂直与平行是学生后续认识平行四边形、梯形等几何形体的基础。在小学数学空间与图形知识体系里具有承上启下的重要地位，是积累活动经验、培养空间观念的重要载体。

通过本单元的学习，不仅可以从形的方面加深学生对周围事物的理解，发展学生的空间观念，而且可以在操作活动、探究实验中积累学生几何活动经验，发展学生的思维能力，同时也为学生五年级上册学习平行四边形、三角形、梯形等多边形面积打下基础。

2. 学情分析

学生已经认识了直线、线段、射线的性质，学习了角及角的度量等知识，而且平行与垂直这些几何图形在日常的生活中应用广泛，学生头脑中已经有很多表象。但学生的空间想象能力还不够丰富，抽象思维还有待进一步发展，所以在研究同一个平面内两条直线位置的相互关系时，对于理解"同一平面""无限延长"的本质有一定难度，因此需要教师的指导，配合学生的直观想象来解决。另外本节概念内容比较多，学生容易产生认识的狭窄化和结构的模糊化，影响概念体系的建构。

课例导读：概念的同化是学生认知结构的补充完善过程，是学生数学化的建模过程。"导图式"教学样式以学生已有的知识为基础，借助直观图式的桥梁作用，建构概念的理解、巩固和应用过程，实现概念的同化。让我们看看越秀区小北路小学陈炜莹老师如何以分类思想为主线，以"导图式"为教学样式，让学生形成平行与垂直概念的教学过程。

【教学"再设计"意图】

本节课《平行与垂直》的学习内容，学生已经对线和角有一定的认识，但之前的学习都是对直线、射线、线段、角等单一对象特征的研究，而本节课研究的是同一个平面内两条直线位置的相互关系，教学中采取整体呈现、分类建构、逐步突破、图式系统化的方法进行教学"再设计"。

首先让学生画图，初步感知同一平面两条直线的位置关系，再"以分类为主线"引导学生进行观察分类，通过操作、验证使学生认识到同一平面内两条直线的位置关系只有相交和不相交两种情况，而相交中又有成直角和不成直角两种情况，最后揭示概念。

通过这样的设计，学生经历了动手实践、自主探索与合作交流的过程，自主完成对知识的建构。学生通过观察与概念有明显联系、直观性强的例子，感知概念，形成感性认识；通过对一定数量感性材料的观察、分析，提炼出感性材料的本质属性；在体验数学概念产生的过程中认识概念，通过运用，加深对概念本质属性的理解。

本节课概念较多，前概念影响学生的学习。四年级学生逻辑思维能力较弱，分类标准把握不准确，在教学过程中采用分类思想、借助韦恩图以及两直线位置的运动变化情况，可以帮助学生深化对同一平面两直线的位置关系的理解，明晰概念的本质和内涵。可见，"导图式"教学样式的运用，让学生的讨论和研究有依据，满足交流交往的感情需要，提供练习语言表达的时机，培养了学生初步的空间观念。

【课例评析】

《平行与垂直》是一节在分类思想指导下，借助导图进行概念学习的。本课根据学生空间观念形成规律进行设计，教师引导学生进行概念的分类，在师生、学生之间的观点互动中补充、完善建构新概念。设计体现以下三点：

1. 重视几何分类，体会位置关系

以往教师比较多地在复习整理阶段设计几何图形分类活动，而本课例教师在新授课环节安排图形分类的活动，这样更有利于学生进行概念的理解和概念系统的构建。首先，教师要求学生将一张纸想象成无限大的平面，在平面上探索两直线的位置关系。这样解决平行线概念缺乏现实原型，难以进行直观操作的问题，提高学生的空间想象能力。然后，教师通过同一平面内两条直线位置关系的两次分类活动，帮助学生体会两直线的位置关系，培养学生科学严谨的问题研究意识。

2. 运用图形变式，突出本质属性

概念形成的重要标志是"形式化"，是用肯定和否定例证强化本质属性，进而同化新概念。学生对于处于标准位置的图形比较容易判断其位置关系，而当影响位置关系的非本质属性发生变化时，学生的辨别能力受损。因此，陈老师在教学垂直概念时，提供不同状态的两线关系，把抽象的数学概念形象化，把静态的数学概念动态化，进一步突出标准垂线、平行线的本质特征，强化概念掌握。

3. 利用导图和运动变化，完善概念系统

在本课的总结环节中，设计了"同一平面两直线旋转变化引起位置关系变化"的微课以及两直线位置关系的韦恩图判断，让学生感受到概念间的联系，通过串点、连线、织网，使学生体会到几何概念间的变与不变的辩证思想，完善了几何概念的概念系统，感受概念系统的结构美。

课例（二）：人教版义务教育教科书（2014 版）四年级下册第五单元《三角形》第六课时"三角形"

【单元备课分析】

1. 本单元内容在学生发展中的地位

从数学知识体系的纵向来看，学生通过第一学段以及四年级上册对空间与图形内容的学习，对三角形已经有了直观的认识，能够从平面图形中分辨出三角形，会量角的度数。本单元内容是在上述内容基础上进行的，通过这一内容的教学进一步丰富学生对三角形的认识和理解，也为学生以后学习图形面积计算打下基础。

从数学知识体系的横向来看，本单元教学三角形的相关知识。在平面图形中，三角形是最简单的多边形，也是最基本的多边形，一个多边形都可以分割成若干个三角形。三角形的稳定性在实践中有着广泛的应用。因此把握好这部分内容的教学不仅可以从"形"的方面加深学生对周围事物的理解，发展学生的空间观念，而且可以在动手操作、探索实验和联系生活应用数学方面拓展学生的知识面，发展学生的思维能力和解决实际问题的能力。

2. 学情分析

从认知上看，四年级学生好动，元认知监控能力不强，复习整理的能力不强。而对于本单元知识，学生对三角形的概念、特征、分类等有了较清晰的认识，但是由于单元知识点较多，呈现方式比较零散，学生对所学知识掌握不牢固，还没有形成一定的技能。

从解题能力看，学生在利用学到的知识解决问题的时候还会存在出错的情况，主要原因是对知识的理解不够透彻。学生要进一步丰富对三角形的认识和理解，为今后学习几何图形打下良好的基础，并进一步提高抽象概括和复习整理能力。因此，有必要对这个单元的相关知识进行梳理和巩固。

> 课例导读：图式具有概括性、有序性和形象性的特点，对于帮助学生建立良好的认知结构有重要的作用。"导图式"教学样式利用图式工具，帮助学生进行概念体系的增生、调整和重构。让我们看看越秀区回民小学何雅能老师如何利用"导图式"进行三角形的整理与复习。

【教学"再设计"意图】

根据数学概念复习的教学规律特点和四年级学生的认知特点，本课改变过去"边理边练""理练结合"的复习课型，运用思维导图进行三角形的复习。由于思维导图的思维可视化特点，图文并茂，由学生和教师共同完成或者合作完成，能更好地激发学生的学习动机。同时，绘制的过程也是数学思考的过程，能帮助学生获得数学活动经验，产生新想法或问题。

另外，四年级的学生虽然已经开始形成自己的想法，但缺乏复习整理的方法和独立表达的能力，利用思维导图帮助学生呈现自己的思维，教师可以了解学生的思维过程，更好地查缺补漏，形成知识的系统化，发展学生的能力。

【教学目标】

（1）通过制作思维导图，系统地整理和复习，进一步巩固单元知识点，加深对知识内在联系的认识，提高运用知识解决实际问题的能力。

（2）通过制作思维导图对单元知识进行系统的整理和复习，初步学会自主复习的一般方法，自主建构知识网络。

（3）在学习过程中，查漏补缺，学会运用不同的思维方法解决问题，体验成功，增强学好数学的信心。

【教学重点】 对各知识点进行整理和复习。

【教学难点】 如何有序地整理知识。

【教学过程】

样式环节	教学过程	设计意图
概念定义环节：创设情境，引入课题	引入：你能用这三根小棒围成什么图形？今天系统复习三角形。	以操作问题激发学生的认知冲突
概念同化环节：梳理知识，构建网络	1. 小组活动 在一张纸上制作"三角形"思维导图。 活动要求：①中心主题"三角形"；②对单元内的知识进行分类别、分级整理；③与课本对照，思维导图中是否涵盖所有单元知识点；④再次理清思路，检查有没有不合理的地方，进行调整、修改；⑤整理思路，准备小组汇报。 2. 小组展示汇报 3. 对比分析，掌握方法（观看微课视频）	采用任务驱动的教学形式，修正思维导图，形成单元知识框架 通过成果展示和微视频，进行反思、对比和质疑，也是查缺补漏和内化的过程

（续上表）

样式环节	教学过程	设计意图
概念强化环节：练习巩固，提升能力	1. 判断题（略） 2. 选择题（略） 3. 综合运用 （1）连一连。 有一个直角，有两条边相等 ／ 锐角三角形 直角三角形 只有两个锐角，没有直角 ／ 钝角三角形 三个角相等 ／ 等腰三角形 没有直角和钝角 ／ 等边三角形 （2）猜一猜。 ①在三角形中，一个是直角，另两个角可能会是（　）度。 ②三角形的两条边分别是 3 厘米和 4 厘米，另一条边可能是（　）厘米。 4. 课堂小结	运用三角形的边角特征等知识解决问题 与归纳的思维导图进行对比分析，沟通知识间的联系

【课例评析】

复习课是小学数学课堂教学的重要课型之一，容易"冷饭重炒"。而数学概念复习课由于内容多，一个单元学习下来，学生容易觉得头脑一片混乱，知识碎片化。本课例利用"导图式"教学，帮助学生自主整理知识，把握概念的本质，理清概念间的联系，使学生学会怎样复习数学、学好数学，形成数学思维的模式。

1. 利用思维导图进行整理复习，完善学生认知结构

三角形的认识这个单元知识点多，属于第二次学习，是从感性经验上升到理性经验的过程，对三角形知识的系统掌握是本单元的

教学重点。本节课利用"导图式"开展教学活动，采取"创设情境，引入课题—梳理知识，构建网络—练习巩固，提升能力"的教学流程，帮助学生梳理知识，重建学生的认知结构。课前通过三根小棒能否围成三角形，激活旧知，引入课堂学习。课中小组利用思维导图整理复习，通过交流汇报、视频展示对认知过程和思维过程进行反思、修改和调控，起到查漏补缺的作用。课终反思小结，引导学生从知识、方法、体验三方面各抒己见，强化知识整理的方法。

2. 利用微课视频进行对比分析，突破教学重难点

教师制作展示《三角形认识》的微视频，通过对比分析，突破教学重难点。视频从三角形的定义、特性、特征、分类、拼组五个方面概括三角形的认识，帮助学生形成系统的三角形的认知结构。微课结束前还提出三个问题：怎样判断三条线段是否围成一个三角形？等腰三角形和等边三角形有什么区别和联系？并提出一个与三角形知识有关的问题。问题的提出及微视频的恰当使用深化了学生对知识的掌握，有效地运用其直观、形象性突破教学重难点。利用图式工具，自主整理知识结构。

3. 精选素材进行巩固练习，提高应用能力

复习课的练习是复习课的重要组成部分，起着查漏补缺、发展能力的作用。因而应把基础巩固和拓展训练相结合。在本课中，教师在基础巩固中突出本单元的重点、难点，把学生平常学习中易错的地方进行练习，查缺补漏；在拓展训练中，关注本单元知识点之间的联系以及综合应用，深化学生对知识的理解，提高综合运用知识解决问题的能力，促进学生数学思维能力的发展。

第二节 "技能习得"教学样式

数学技能（mathematical skill）是指通过学习而形成的合法则的数学活动方式，属于动作经验。它所要解决的是完成活动所要求的动作"会不会"与"熟练不熟练"的问题，一般可分为操作性技能（如使用运算工具的技能、测量技能、作图技能等）和心智性技能

（如审题技能、解析技能、运算技能、检验技能等）。数学技能对数学活动的执行起监控作用，是数学活动不可缺少的内在调节机制之一，是数学能力基本结构的一个组成成分，是问题解决的必要条件。①

《义务教育数学课程标准（2011 年版）》指出：学生掌握数学知识，不能依赖死记硬背，而应以理解为基础，在知识的应用中不断巩固和深化。基本技能的教学中，不仅要使学生掌握技能操作的程序和步骤，还要使学生理解程序和步骤的道理。由此可知，掌握数学技能和学习数学知识不同，学习数学知识是解决"知不知"的问题，而掌握技能则是解决"会不会""熟练不熟练"的问题。

我们在开展"数学技能"教学再设计实践时，主要选择"数学规则学习"内容实施研究。数学规则学习，不仅要让学生了解规则的背景由来，理解法则、定律、公式的必要性和重要性，真正理解其表述，还要指导学生了解所学知识的发展和应用，理清所学知识间的区别和联系，通过训练达到"熟练"的程度。这种感知、理解、概括、训练到熟练化的过程，实际上就是学生从"具体—抽象—具体"的螺旋上升过程，也就是规则的数学化过程。

在现代学习理论指导下，我们通过研究得知，针对小学数学技能的两种类型"操作性技能"与"心智性技能"，教师可根据学生原有的认知结构，对应采取"支架式"和"螺旋式"两种教学样式，让学生利用生活经验理解和扩展规则，经历从实物表征运算到符号表征运算的过程，理解和掌握基础知识，并经过适度的训练，形成基本技能。

一、支架式："操作性技能习得"教学样式

虽然数学学科具有严密性、逻辑性的特点，但目前小学数学规则教学因小学生的年龄特点和认知规律，并没采用严格证明的教学

---

① 林崇德. 心理学大辞典［M］. 上海：上海教育出版社，2003.

方法，而是多用合情推理、不完全归纳法或类比法的推理方法，甚至用"隐"规则的方式，通过习题练习促使学生掌握数学规则。由此，小学数学规则教学的特殊性和复杂性，容易造成教师对规则教学的目标要求把握不准确，从而导致学生忽视生活经验的感悟、算理算法的脱离，进而影响基本知识和基本技能的掌握。

建构主义理论比较好地解释了人学习过程的认知规律，认为个体的认知发展是与学习过程紧密联系的。学习者的知识是在一定情境下，借助于他人的帮助，如人与人之间的协作、交流，利用必要的信息等，① 通过意义的建构而获得的。好的学习环境包括情境、协作、交流和意义建构四个要素。因此，"支架式"教学就是顺应建构主义学习理论和建构主义学习环境的学习方式之一，可为学习者自主构建提供知识理解框架。这种框架中的概念是学习者对问题进一步理解所必需的，为此，应事先分解复杂的学习任务，帮助学习者逐步深入理解。

在建构主义学习理论指导下，通过课堂教学实践，我们发现"支架式"教学样式能较好地顺应学生的思维发展阶段，帮助学生感知现象、概括规律、运用规则，实现操作性技能的习得。

（一）"支架式"教学样式的内涵和外延

1. 内涵

支架原本指建筑行业中使用的脚手架，在这里用来形象地描述一种教学方式：儿童被看作是一座建筑，儿童的"学"是在不断地、积极地建构自身的过程；而教师的"教"则是一个必要的脚手架，支持儿童不断地建构自己，不断建造新的能力。"支架式"教学是以苏联著名心理学家维果斯基的"最近发展区"理论为依据的。维果斯基认为，在测定儿童智力发展时，应至少确定儿童的两种发展水平：一是儿童现有的发展水平，二是潜在的发展水平，这两种水平之间的区域称为"最近发展区"。教学应从儿童潜在的发

---

① 樊彩霞，姬建锋. 教育心理学［M］. 西安：陕西科学技术出版社，2010.

展水平开始，不断创造新的"最近发展区"。"支架式"教学中的"支架"应根据学生的"最近发展区"来建立，通过支架作用不停地将学生的智力从一个水平引导到另一个更高的水平。这种教学状态下，学生采用的思维主要是概括与综合，通过概括和综合原有认知结构中的相关内容建立新的认知结构，实现新规则的同化。例如概括运算定律和运算性质、归纳层次较高的计算公式和法则时，教师可搭建教学的脚手架，通过循序渐进地扩充和深化学习过程，获得数学技能。

规则学习既包括基础知识的理解掌握，也包括基本技能的培养。由于小学生的年龄特点和认知规律，许多小学数学规则并不进行严格的证明，而采用合情推理的方式，用不完全归纳法或类比法导出，体现其有依有据。对于诸如加减法运算法则、加法运算律、乘法运算律等重要规则，采用先渗透、再深化、逐步提高的分段编排方法。有些规则甚至不给结语，属于"隐"规则，要求学生通过习题练习使用，并达到一定的熟练程度。"支架式"教学样式恰好有助于在学生现有水平的基础上，有效搭建"脚手架"，让学生自主探究，从而实现教学目标。

综上所述，根据建构主义学习理论和小学生规则学习特点，我们提出"支架式"教学样式。"支架式"教学样式是以学习者现有发展水平为基础，通过搭建诸如例证支架、问题支架、情景支架等学习支架，促使学生自主攀升，概括和综合原有的相关内容，建立新的认知结构，从而实现教学目标。

"支架式"教学，根据学生发展需要和知识特点，教师搭建和撤离"支架"，促进学生经历从具体到抽象再到具体的规则学习过程；搭建和撤离"支架"，促进学生经历从展开的、详尽的思维活动过程到压缩的、省略的思维活动过程；搭建和撤离"支架"，促使学生经历从明确意识法则到自动化运用法则的过程，帮助学生沿着"支架"攀升，完成认知结构的构建，形成技能。

2. 外延

规则学习目标可以从智、情、能三个维度认识。为此，我们也可以对"支架式"教学样式的构建从以下三个方面分类：

（1）构建认知支架。奥苏伯尔认知结构理论表明，新的知识总是基于学生已有的旧知而建立起来的。必要的基础知识和认知结构是学习新的数学知识的基础，不完备的认知结构造成学生数学学习的困难。据此，"支架式"教学样式更关注在学生的"最近发展区"搭建具有背景性的、直观性的认知支架。

认知支架的搭建基于学生的"最近发展区"，是以学习者的实际水平为基础，在任务背景中找到支撑点，并通过认知支架帮助学生跨越"最近发展区"。认知支架的材料要丰富，提供具有一定数量的习题供学生计算，为法则概括提供足够的依据，保证感性认识的全面性。认知支架的设计要重视算理指导，让学生明确法则规定的合理性和必要性，保证其自觉遵循法则的规定。

（2）构建情感支架。兴趣是最好的老师，情感支架的构建，可以使课堂教学处于最佳状态，激励、唤醒、鼓舞学生，但是情感支架的确立往往容易被教师所忽视，在规则的学习和技能训练中尤为突出。教师应采取各种手段去创设情感情境，让学生以积极饱满的热情去学习。

规则教学中搭建"脚手架"，学生开始时有明确意识地运用法则一步一步进行展开，甚至处于"出声的思维阶段"，逐步熟练后无须联想到法则规定直接进行计算，直到完全不用意识的自动化运用法则的阶段。学生自己对法则掌握从"会"到"比较熟练"再到"熟练"的体验过程，实现个人实际水平的发展，从而体验到成功的快乐。情感支架的搭建，为学生提供了易于获得成功的教学体验，从而增强了学习自信心。

（3）构建能力迁移支架。加涅曾说过"为迁移而教"。影响学习迁移的因素包括知识间的类似性、数学活动经验的概括水平、迁移的认知技能以及认知结构的稳定性。其中迁移的认知技能构建容易为教师所忽视，直接影响到迁移的实现和教学。迁移的认知技能包括概括化的认知策略和元认知策略。

搭建能力迁移支架，促进概括化的认知策略形成。教师要帮助学生经历从详尽的思维活动到压缩的思维活动过程。展开思维活动是为了促进理解，保证运算程序和结果的准确。压缩是在学生正确理解的基础上进行，使计算速度加快，有效发展学生的思维能力和计算能力。在这个过程中，依据内部语言和范例支架，经历"出声的外部言语动作阶段""不出声的外部言语阶段"和"内部言语动作阶段"三个心智技能形成阶段，最后达到掌握和形成运算技能目的。

搭建能力迁移支架，促进元认知形成，有意识地教会学生如何学习。在例题讲解完毕时，引导学生总结：这个问题为什么这样解答？你有什么想法？你是怎么算的？你看算得对不对？两道题有什么异同？通过能力迁移支架，可以帮助学生监控自己的学习，掌握学习的方法，实现"教是为了不教"的目的。

（二）"支架式"教学样式的适用范围

在规则学习中，"支架式"教学样式主要用于"操作性技能习得"的教学，即在对原有认知结构相关内容的归纳和综合，概括新的数学规则时使用。此时，原有认知结构中的规则、方法在从属地位，新规则则居于总括地位。如整数乘法的计算方法，乘数是一位数的乘法是在表内乘法的基础上学习的，乘数是两位数的乘法法则是在乘数是一位数乘法法则的基础上学习的。

"支架式"教学需要搭建"支架"，搭建帮助学生学会学习、达成预期目标的"脚手架"，详见下图。学习支架的起点是学生"现有发展区"，是学生已经达到的认知发展水平，其认知结构的质量和完善性影响学习支架的攀爬。学习的终点由学习的目标决定，是"潜在发展区"，是学生可能达到的发展水平，能够独立解决问题的水平。学习支架的提供是建立在"最近发展区"内，是现有发展区和潜在发展区的过渡区域，可以在教师的指导下解决问题。把握"最近发展区"，能加速学生的学习进程。根据最近发展区搭建的支架，其例证支架（如计算例证）具有普遍意义的例证、操作程序或步骤，略高于学生现有的认知水平，需要在教师指导下或小组合作探究下，学生进行抽象概括，并且利用概括的程序进行大量的计算，从而完成对规则"具体—抽象—具体"的飞跃。这个过程是一个学生主动建构的过程，是在教师指导下完成的过程。

"支架式"教学的关键是设计适度的学习支架，也就是在学生已有知识技能和所要达到的学习目标两者之间设置"脚手架"，例证支架要丰富、典型，问题支架要准确，突出算理和算法的沟通。支架式教学还强调教师提供的学习支架要及时，根据"最近发展区"理论，如果超出学生当前能力的要及时提供支架帮助。这个学习支架不仅突出学生已经掌握的知识与潜在发展目标之间的转化关系，而且对于激发学习动机、提高解决问题能力有着画龙点睛的作用。

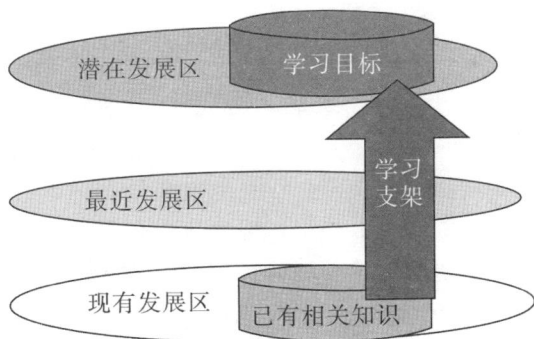

"支架式"教学搭建"支架"图

（三）"支架式"教学样式的运行方式

"支架式"是适用于操作性技能习得的教学样式，其运行方式见下图。"支架式"教学样式的设计实施，从学生已有经验出发，引导学生进行有意义的主动构建，促进算理和算法的有效融合。规则教学不再是学生被动的接受、机械的训练，而是学生主动建构的过程，不仅形成知识技能，还能发展数学思考、培养运算能力。

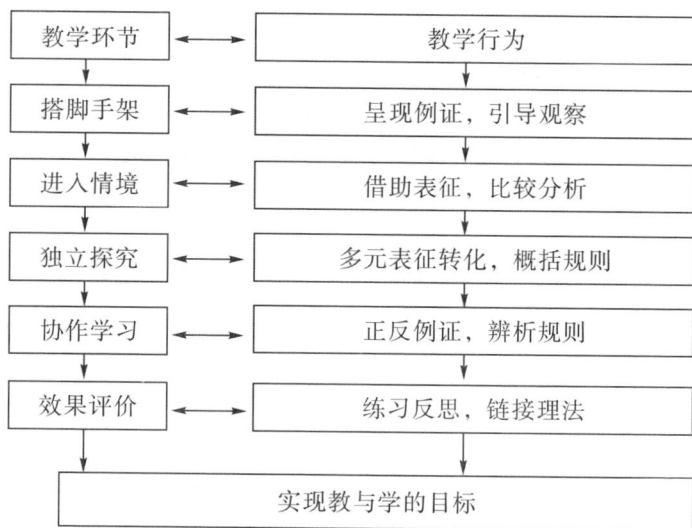

"支架式"教学样式的运行方式图

（1）"搭脚手架"环节。主要围绕当前学习主题，在学生现有发展区的基础上，按照学生"最近发展区"的要求呈现例证，引导观察，提供认知支架、情感支架或迁移能力支架等学习支架。这里"最近发展区"是学生通过教师指导或同伴互助解决问题的认知水平。教师根据"最近发展区"和学习目标确定支架的起点和终点，根据"最近发展区"设计学习支架。

（2）"进入情境"环节。利用学生原有知识基础，选取学习支架，把学生引入一定的问题情境，借助表征进行比较分析，开始知识框架中某个节点的探究。问题情境的设计要适度，要让学生"跳一跳能摘到桃子"，使学生在经历规则建构的过程中体验数学化的过程，激发学生探索的欲望。

（3）"独立探究"环节。进入情境之后，通过教师启发引导、学生分析，运用多元表征转化，实现学生在知识框架下的自主攀升。教师指导要适时适度，提供适当的学习支架支撑学生的思路，让学生有独立探究的时间和空间，才能自由选择研究方法解决问题。

（4）"协作学习"环节。学生在完成各自探究过程之后，可能有不同的结论，通过小组协商，在共享集体思维成果的基础上，达到对当前学习内容的理解。这个过程中，通过正反例证辨析、交流分享，完成知识的意义建构。通过小组协商，提高与人交往的能力。

（5）"效果评价"环节。通过练习反思、自我评价和成员评价，评价包括学习态度、知识的意义建构和小组活动的贡献等，链接算理和算法。通过效果评价，提高学生迁移的认知技能。

（四）"支架式"教学样式的典型单元课例

课例：人教版义务教育教科书（2013 版）六年级上册第三单元《分数除法》

【单元备课分析】

1. 本单元内容在学生发展中的地位

"分数除法"是在学生已经掌握了分数乘法计算方法的基础上学习的。通过本单元的学习，学生一方面完成了分数加、减、乘、除的学习任务，比较系统地掌握了分数的四则运算，掌握了解决相关实际问题的方法；另一方面也进一步加深了对乘除法关系的理解，体会数学知识方法的内在联系，为解决有关分数的实际问题提供更多的支持，同时为后面学习比和比例、百分数打下坚实的基础。

2. 学情分析

从六年级学生的认知水平来看，学生是从直观到抽象思维发展阶段，因此借助操作与图示，使学生能在动手操作与观察中，直观地理解算理、发现算法。通过数形结合，边操作、边观察、边思考，继而讨论、交流，在理解的基础上总结和掌握算法。另外，六年级的学生也已经积累了一定的学习经验，如"探究方法—明确算理—总结方法"，在学习本单元时依然可以把此方法迁移至新知的探索中。

课例导读："支架式"教学是建构主义学习观的一种典型案例，借助建筑行业脚手架的概念，通过"搭建脚手架—进入情境—独立探索—协作学习—效果评价"等环节，促进算理和算法有效链接。让我们看看朝天小学邹森桦老师如何利用"支架式"教学样式进行《分数除法》单元计算教学。

【教学"再设计"意图】

整个分数除法计算教学教材中通过例1和例2归纳出分数除法的算法。教材呈现的知识体系是：①分数÷整数；②整数÷几分之几；③分数÷几分之几。单从这三个种类来进行研究，学生对分数除法的计算还是存在着理解上的缺失，特别是学生从例1的"除以整数"到例2的"除以几分之几"的类型，跳跃性过大，难以顺利理解算理。其一，从分数除法的方法来看：一个数除以一个非0的数，等于乘这个数的倒数。这里涉及被除数与除数的情况，一个数既可以是分数、整数、小数，在分数除法中暂时不涉及小数，即至少要考虑整数和分数的以下四种情况：整数÷整数（已学知识）、整数÷分数、分数÷整数、分数÷分数。其二，当除数是分数时，"除以几分之一"又是理解"除以几分之几"的重要基础。

因此在教学内容的设计上，尝试补充"除以几分之一"的教学内容，以达到完善分数除法计算教学的体系：分数÷整数—整数÷几分之一（补充）—分数÷几分之一（补充）—整数÷几分之几—分数÷几分之几。

【教学目标】

（1）体会分数除法的意义，理解并掌握分数除法的计算方法，会进行分数除法计算。

（2）会解决一些和分数除法相关的实际问题。

（3）体会数学与生活的密切联系，体会并掌握模型、方程、数形结合等数学思想。

【教学重点】

理解分数除法的算理，形成算法，正确运算。

【教学难点】

运用分数除法知识解决问题。

【教学过程】

教学环节	教学活动	设计意图
搭脚手架	补充完善例题知识 ①分数÷整数； ②整数÷几分之一（补充）； ③分数÷几分之一（补充）； ④整数÷几分之几； ⑤分数÷几分之几	补充"②整数÷几分之一"的意图：从除数是整数入手逐步过渡到除数是几分之一，结合学生动手操作，从具体情境中理解为什么除以几分之一就是等于乘除数的倒数。题组设计更是渗透了函数的思想：每份越少，分得的人越多。 补充"③分数÷几分之一"的意图：学生可以借助"分数÷几分之一"的方法迁移到"整数÷几分之几"和"分数÷几分之几"中去
进入情境	借助图像表征感悟算理	在每一类型探究中均可借助直观图或线段图来进行算理的理解，以引导学生把分数除法转化为"求一个数的几分之几（或几倍）是多少"的问题
独立探索	多元表征转换理解算理	正确理解分数除法的意义的标志是能否灵活实现动作表征、表象表征、口头语言表征、符号表征和现实情境表征间的相互转化
协作学习	理解例证归纳算法	增加两个同类的分数除以整数的题目，并结合折纸或画图来理解算理，最后才通过观察四个例证进行归纳总结规律
效果评价	练习反思链接理法	加强对算理理解的检测练习，在算理理解透彻后才到算法的训练，逐步形成计算技能，最后到计算自动化的程度，使之符合计算技能形成的渐进过程

【课例评析】

分数除法是小学数学中教师最难教、学生最难学的内容之一，本课例作者基于建构主义理论，把"支架式"教学应用在分数除法教学中，抓出计算教学的两个核心"算理与算法"，有效地突破难点，对一线教师具有较强的借鉴意义。

基于对教学内容的理解，作者对教学内容进行了再设计，补充了两个"整数÷几分之一"和"分数÷几分之一"这两部分内容，这是符合六年级学生认知水平和认知规律的，有效解决了原来教材中分数除法的几种类型之间存在"跳跃性过大、难以顺利理解"的问题，使学生能更有层次性、连贯性地理解不同类型分数除法的算理。

整个单元设计体现出以下两个特点：①分层突破，理解算理。作者整理教材，设计从除数是整数过渡到除数是分数，从除数是几分之一过渡到除数是几分之几，从整数除以分数过渡到分数除以分数，在有梯度的学习活动中让学生逐步理解算理，建构分数除法的一般算法。②加强直观，建构模型。本设计都从具体形象出发，加强直观操作，发挥动作思维和形象思维的感性支撑作用，让学生在实际活动中建立表象，理解算理，归纳算法。

整个设计循序渐进，有效促进算和算法的有效融合。使计算的教学不再是学生被动接受，而是主动建构的过程，不仅形成知识技能，还能发展数学思考，培养运算能力。

二、螺旋式："心智性技能习得"教学样式

小学数学规则教学，属于程序性知识的学习，是心智技能和动作技能协作、外部操作和内部思维同步、形象感知和抽象思维统合的心理活动过程。① 然而在常规课堂教学调研中我们发现，教师经

---

① 余夕凯. 如何减少计算出错——从学生心理层面分析［J］. 教育研究与评论（小学教育教学），2017（3）.

常出现顾此失彼的问题。例如，教师关注规则的掌握时，容易忽视规则提出的合理性与必要性的推导；关注技能的训练时，容易忽视算理算法的融合；关注学习目标的达成时，容易忽视规则运用水平的阶段要求；关注题型训练的方式时，容易忽视规则灵活性和多样性的训练。这些都是亟待解决的问题。

奥苏贝尔是当代美国著名的认知心理学家之一，他在批判行为主义简单地将动物心理等同于人类心理的基础上，创造性地吸收了皮亚杰、布鲁纳等同时代心理学家的认知同化理论思想，提出了著名的"认知—同化学习理论"。奥苏贝尔学习理论的核心是有意义学习，同化是意义学习的心理机制。所谓同化，就是将新知识、新材料归入已有的认知结构中。其核心是学生能否习得新信息，主要取决于他们认知结构中已有的有关概念；意义学习是通过新信息与学生认知结构中已有的有关概念的相互作用才得以发生的；由于这种相互作用的结果，导致了新旧知识意义的同化。同化学习有三种方式：①类属学习，又称下位学习，是指在知识学习中新知识与原有知识的部分关联，把新知识归入认知结构中的有关部分的过程；②总括学习，又称上位学习，指原有知识为从属概念，新知识为上位概念；③并列组合学习，指新概念与认知结构中的原有知识既不能产生类属关系，也不能产生总括关系，新旧知识为并列组合关系。

在认知主义学习理论指导下，通过课堂教学实践，我们发现"螺旋式"教学样式能基于学生的思维发展，帮助学生感知、内化、迁移，实现心智性技能的习得。

（一）"螺旋式"教学样式的内涵和外延

1. 内涵

奥苏贝尔认为最有效的学习是下位学习。下位学习又称类属学习，是一种把新的观念归属于认知结构中原有观念的某一部分，并使之相互联系的过程。① 展开来说，就是将概括程度或包含程度较

---

① 梁宁建. 当代认知心理学（修订版）[M]. 上海：上海教育出版社，2014.

低的新概念或命题归属到认知结构中已有的、概括程度或包含程度更高的适当概念或命题之下的学习，从而获得新概念或新命题的意义。下位学习包括两种形式：派生类属学习和相关类属学习。派生类属学习是将新知识纳入旧知识中（即新学习的知识内容完全被包含于原有的知识内容结构当中），原有的概念或命题只是得到证实或说明，本质未变；而相关归属学习是将新知识归属于原有的概念或命题（新学习的知识部分从属于原有认知观念）时，原有的概念或命题便得到了扩充、深化、限定或精确化。

规则的理解和掌握包括三方面的内容：一是理解数学规则的推导过程，明确规则的合理性和必要性；二是总结规则，并灵活运用解决问题，某些运算技能达到比较熟练程度；三是掌握不同规则间的关系，明确它们之间的联系。在规则学习中，儿童利用生活经验理解和扩展，不仅需要知道规则，还要懂得为什么有这样的规则，保证其自觉遵循规则的规定；儿童运用运算规则，并以此解决实际问题，需要多种思维方式参与监控，具有相当的复杂性，每一步都影响结果；规则学习经历从实物表征运算到符号表征运算的过程，需要了解步骤之间、多种表征之间的逻辑联系，需要有思维活动的展开和压缩过程，保证计算能力的发展。"螺旋式"教学样式能配合规则学习的需求，基于学生思维方式，通过感知、内化、迁移等方式，从深度、广度和抽象类化（应用）三个纬度逐步深化，稳步提升教学质量。

综上所述，根据奥苏贝尔学习理论和学生规则学习的认知特点，我们提出"螺旋式"教学样式。"螺旋式"教学样式强调知识间的联系，通过呈现规律，采用分化充实完善原有认知结构，形成新的认识结构的过程，体现知识和认知水平承上启下的衔接和发展。"螺旋式"教学需要基于对数学知识的整体性、系统性的把握，根据学生思维发展的阶段特点，引导学生"螺旋式"地探究数学的本质，经历认知发展的过程，形成严谨的知识结构体系。

2. 外延

"螺旋式"教学在规则教学中使用，可以从广度、深度和抽象类化（应用）三个纬度深化发展，其运行方式见如下图。

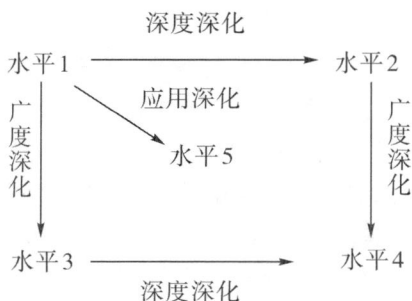

"螺旋式"数学的平面模式图

（二）"螺旋式"教学样式的适用范围

　　在规则教学中，"螺旋式"教学样式主要运用在下位学习。下位学习可以具体划分为派生类属学习和相关类属学习。

　　一般而言，派生类属学习比较简单，只是通过对事物的具体化便可习得。例如圆柱体的体积计算，在学习长方体体积计算方法时，已经掌握长方体的计算公式是 $V=sh$；在学习圆柱体的体积公式 $V=sh$ 时，可以作为前面计算公式的特例给予掌握。而在相关归属学习中，新知识虽然被看作是原有知识的下位观念，但前者的意义并非完全蕴含在后者之中，也不能为后者所充分代表。因此，相关归属学习比较复杂。例如，梯形面积计算公式，可以通过割补转化成平行四边形，然后推导出其计算公式，因而梯形面积计算公式的学习可以通过分化整合到原有认知结构中，扩充或修改原有认知结构，使原有认知结构发产生变化。

　　"螺旋式"教学关键是把握教学目标的定位，从知识的整体性、发展性解读教材，根据学生的认知特点选择教学方式。当旧知在认知结构的概括层次上高于新规则时，可以通过分化的方式，使新规则和原有认知结构中的相关知识直接发生联系，直接纳入到原有认知结构，并充实完善新规则的认知结构。

（三）"螺旋式"教学样式的运行方式

"螺旋式"是适用于下位学习的教学样式，其运行方式见下图。"感知、内化、迁移"三个环节紧密衔接，交替螺旋上升，形成学生思维的发展过程。规则的学习，要关注数学规则的推导与总结过程，了解规则形成的必要性；要关注新旧知识间的连接点、生长点和转折点，突出规则教学的重难点；要在规则教学中培养学生观察、分析、比较、归纳、概括等初步的逻辑思维能力；在规则教学中渗透数学思想方法，帮助学生形成规则系统，完善认知结构。

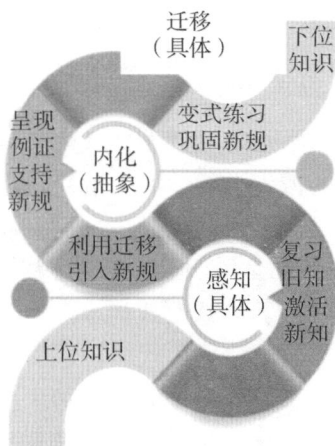

"螺旋式"数学样式的运行方式图

（1）感知环节。通过认知过程，获得丰富表象引入新规。"螺旋式"学习的基础是上位知识，构成规则的关键是核心概念的理解。复习旧知要注意基础训练的针对性，帮助学生勾起原有认知结构的相关知识，链接相关知识和新知的联系，形成规则的表象。虽然小学生的思维处于形象思维向逻辑思维过渡阶段，培养数学逻辑思维能力是数学学习的主要任务，数学学科内的知识具有逻辑联系，依托感知环节，沟通新旧知识的联系仍是数学学习的重要手段，也是数学知识内部数学形式化的表现。

（2）内化环节。利用迁移、比较、举例等方式，在学生表象的基础上进行思维加工，抽象概括出规则的本质属性。在旧知迁移引入新规则的基础上，关注新旧知识间的连接点、生长点和转折点，突出教学的重难点。提供丰富的例证，通过不完全归纳法和合情推理等方式进行演绎推理，揭示规则的内涵。这时，学生的思维处于从具体形象思维转到抽象逻辑思维阶段，适合培养学生观察、分析、比较、归纳、概括等初步的逻辑思维能力以及合情推理能力。

（3）迁移环节。利用尝试运用、变式练习等方式，通过知识在新背景下的运用巩固新规则的理解。新知学习后，其相应练习应是模仿性练习，其目的应着眼于新知算理、方法的整理、再现与理解，技能的巩固与形成。练习中，学生要有独立思考的时间，理顺思路，理解算理，明晰方法。练习量不宜过多，防止错误的观念、理解、方法被巩固下来。变化过大、具有发展性的题目不宜在学习新知后马上呈现。这个环节，学生进行思维的迁移内化，是思维具体化的过程。

（四）"螺旋式"教学样式的典型单元课例

课例：人教版义务教育教科书（2013 版）五年级下册第三单元第六课时《长方体和正方体的表面积》

【单元备课分析】

1. 本单元内容在学生发展中的地位

本节课是在"长方体和正方体认识"单元中学习，是学生对图形的认识从二维平面到三维立体的扩展。编排主要是依据几何知识的逻辑顺序和儿童的认识规律，从知识本身的逻辑顺序看，立体图形是所有点不在同一平面内的图形，是客观世界空间形式的反映，其学习基础是平面几何的知识。从儿童的认识规律看，立体图形的学习需要学习者有较强的分析能力和空间想象力，具有一定的生活经验和智力水平。所以，该单元的学习是学生空间观念的一次飞跃，是空间观念培养的关键点。

长（正）方体的表面积实质上可以视为长（正）方体认识的深化和发展，是通过特征认识促进表面积计算，通过表面积计算巩固对长（正）方体的认识。因而立体图形的认识和计算有机结合，互相促进。在内容呈现上看，采用直观几何、实验几何的方式，以"问题情境—建立模型—解释、应用与拓展、反思"的基本模式进行学习，帮助学生经历立体几何的数学化过程，丰富几何体和平面图形的活动经验，培养学生的思维能力，促进学生空间观念的发展。

2. 学情分析

长（正）方体表面积的学习是学生从平面几何向立体几何发展的重要阶段，需要有较强的分析能力和空间想象力，而五年级学生的空间想象力和分析能力尚在形成中，其能力直接影响该内容的学习。在知识掌握和解决实际问题过程中，学生容易偏重求积计算而忽略图形的概念和性质，容易生搬硬套，对实际生活中遇到哪些问题需要运用长（正）方体表面积的计算方法来解决，需不需要都计算六个面的面积等问题混淆不清。因而教学中，要注意从偏重求积计算发展到增强图形的概念和性质的认识理解，从偏重知识传授到重视空间观念培养转变，加强直观感知和操作确认，注重抽象概括和迁移类推能力的培养。

课例导读："螺旋式"教学，强调知识间的联系，通过呈现规律、分化、充实、完善原有认知结构，形成新的认识结构的过程，体现学习者知识和认知水平的"螺旋式"发展。据此，让我们看看净慧体校林杏华老师的《长方体和正方体的表面积》教学设计。

【教学"再设计"意图】

图形与几何教学容易偏重求积计算，偏重知识传授，本课的设计力图在图形特征的基础上进行求积计算，在求积过程中发展空间观念和促进思维发展。因此，本课采用"问题情境—建立模型—解释、应用与拓展、反思"的"螺旋式"教学样式，将抽象的知识转变为学生看得见、摸得着的实物，在观察和操作中形成表象。在多种算法交流中选择合适的算法，让体验积累于心，从而形成正确的认知结构，促进空间观念的发展。

【教学目标】

（1）理解和掌握长（正）正方体表面积的计算方法，能正确计算长（正）方体表面积。

（2）通过经历理解表面积概念和表面积计算方法的过程，体会抽象概括和迁移类推的数学思想方法。

（3）感受数学与生活的密切联系，培养初步的数学应用意识。

【教学重点】探究表面积计算方法，应用表面积计算方法解决实际问题。

【教学难点】应用表面积计算方法灵活解决实际问题，培养空间想象能力。

【学具准备】学生收集的普通长方体盒子、有两面是正方形的长方体盒子、正方体盒子、剪刀、尺。

【教学过程】

教学环节	教学过程	设计意图
感知阶段：创设情境，引入新课	1. 出示一个长方体纸盒和一个正方体纸盒并提问 提问：如果把这两个盒子用漂亮的彩纸包装，至少需要多大的包装纸？ 2. 引入课题 生活中有许多长方体、正方体纸盒，需要进行包装，在包装时需要多少包装纸？这与什么有关？今天来研究这个问题（出示课题）	通过创设问题情境激发学生学习的兴趣，为学生在原有认知基础上对新知的学习作好铺垫

（续上表）

教学环节	教学过程	设计意图
内化阶段：合作交流，建立模型	1. 实验材料准备 每小组长方体和正方体纸盒各一个，剪刀，实验探究纪录表 2. 分组操作，探索长方体正方体表面积的计算方法 步骤一：长方体和正方体纸盒6个面分别标出"上""下""左""右""前""后"，并测量和记录每个面长和宽的长度（保留整厘米数）。 步骤二：沿着长方体纸盒和正方体纸盒的棱剪开并展平（纸盒粘接处多余部分剪掉），指着每个面交流各是长方体哪个面，每个面长、宽分别多少厘米，与长方体的长、宽、高有什么关系。 步骤三：比较哪些面的面积相等，根据条件计算长方体和正方体6个面的面积。 步骤四：小组汇报展示不同长方体正方体纸盒展开图面积计算方法。 3. 小组汇报计算长方体和正方体表面积计算方法（板书公式） 4. 不同方法的比较和沟通，理解长方体的表面积的概念（微视频）	本环节的设计，引导学生经历从立体图形到平面图形的转化过程，学生在动手操作和动口交流的过程中，让视觉、触觉等多种感官协同参与活动，突破本节课的难点 通过不同方法的比较和优化，形象地理解表面积的意义。利用微视频化难为易，突破难点
迁移阶段：解释应用，解决问题	1. 出示例1，学生独立审题，解答、汇报 2. 出示例2，学生独立审题、解答、汇报 3. 读书质疑	在解决问题过程中，体验解决问题的过程和价值
运用阶段：练习拓展，促进提高	1. 第24页"做一做"和第26页第8题（求5个面的正方体） 2. 小结	在运用中体会数学的价值

【课例评析】

本节课是学生从二维平面向三维立体拓展的重要内容，是培养学生空间观念和抽象概括能力的重要载体。在教学中，教师采用实验几何的方式，将抽象的知识变成学生可接受、可操作、可理解的数学情境，并让学生在多种算法交流中选择适合的算法，从而调动学生的学习积极性，培养其创新意识。

1. 以图形特征为基础，抽象数学模型

学生空间观念的形成来自于丰富的现实原型。本课设计突出其意义和特征的统帅作用，通过面的认识掌握表面积的计算方法。通过操作，让学生头脑中构建 6 个面的立体图形表象，将立体图形通过剪拼的方法明确展开图和长（正）方体表面的关系。在表面积计算时，也通过图形分解，再一次强化 6 个面的特征，最后归纳整理出表面积的计算方法。这样的教学思路，反映构建长（正）方体表面积的计算依据是图形特征，图形特征是表面积计算过程中归纳、抽象计算方法的依据。这样的设计思路，不仅可以通过表面积计算教学巩固强化图形特征，而且有利于学生根据实际情况解决长（正）方体表面积的计算问题。

2. 以实验为手段，再现数学化过程

实验操作是学生参与知识形成过程的重要形式，是学生获得活动经验的重要来源，是培养学生空间观念的重要途径。在本课的设计中，提供了小组实验操作的条件和机会，先观察长（正）方体的 6 个面，标注"上""下""前""后""左""右"，然后沿着棱展开，引导学生亲身经历从立体图形转变成平面图形的过程。接着利用学具解剖长方体每个面的长和宽与它的长、宽、高的关系，学生经历面与体的各部分名称的联系过程。最后通过表面积计算方法的比较，调动学习的积极性，加深他们的体验和理解。整个过程，学生经历了从已有认知抽象成数学模型并解释的数学化过程，感悟了数学知识蕴含的思想方法，发展了抽象概括和迁移类推的能力。

3. 以解决问题为目标，促进"螺旋式"发展

数学教学的核心是培养学生解决问题的能力，通过解决问题来

发展学生的思维，在完成图形与几何知识学习的同时，发展思维能力。本节课练习设计循序渐进，在已有表面积计算方法的基础上，进行新知的迁移，拓展到解决简单的实际问题中，关注学生已有经验，沟通几何知识间的内在联系，启发学生从多角度思考问题，促进思维的"螺旋式"发展。

第三节 "问题解决"教学样式

问题解决是著名数学教育家波利亚提出的"好教育"的标准之一，让学生自己能够发现问题、解决问题。我国新课程改革以来，小学数学教科书不再单独设立"应用题"单元，而是以"综合应用"或"解决问题"的形式，将"问题"作为展开数学课程的"问题"和应用数学知识的"问题"。"问题解决"成为学生数学学习的基本活动，是数学教学的基本任务。其本质是通过运用知识解决问题来促进学生的数学思考，以提升学生的思维水平。

《义务教育数学课程标准（2011 年版）》中将问题解决作为具体目标的四个方面之一，提出："初步学会从数学的角度发现问题和提出问题，综合运用数学知识解决简单的实际问题；获得分析问题和解决问题的一些基本方法，体验解决问题方法的多样性；学会与他人合作交流；初步形成评价与反思的意识。因此，我们的问题解决教学，要让学生学会运用数学的思维方式进行思考、应用和巩固知识，提高发现和提出问题、分析和解决问题的能力，积累"问题解决"的活动经验，培养应用意识和创新意识。培养学生问题解决能力主要包括培养学生现实背景的感悟力、数学知识的理解力和数学思维能力。

美国心理学家加涅的学习分类理论认为，问题解决是最高级的学习，是用独特的方式选择多种规则加以综合运用的学习。数学问题解决是以问题为目标，以寻找处理问题方法的思考为内涵的探索活动，是高级形式的思维学习活动。根据问题解决的应用范围，问题解决分为纯数学问题解决与数学的现实问题解决两类。据此，在小学数学教与学中，我们对应"纯数学问题解决"教学与"现实问题解决"教学提出"抛锚式"教学样式和"驱动式"教学样式，帮助学生将学过的知识运用迁移到新的问题情境中，检验和巩固知识，掌握技能，积累"问题解决"的基本活动经验，提高现实背景的感悟力、数学知识的理解力和数学思维能力。

一、抛锚式："纯数学问题解决"教学样式

纯数学问题解决是在新的情境下，学生运用掌握的数学知识，采用新的策略探究问题结果的一种教学活动过程。小学数学教材的"问题解决"内容主要安排在相关知识的应用以及典型问题解答策略的学习方面，是传统应用题内容的扩展。数学问题解决作为培养学生"发现问题和提出问题的能力、分析问题和解决问题的能力"等"四能"的重要载体，其教与学的研究成为教师的关注热点之一。

建构主义指出，学习是指学习者在面临问题情境时，将自己原有的知识经验和在面临问题情境时所掌握的新知识经验之间产生交互作用而形成的。它与教师简单地把知识单向地传授给学生的传统学习有很大区别，它认为学生在面临新知识时，脑袋并不是空白的，而是在自己已有知识经验的基础上，对外在的信息重新进行主动的理解识别、分析和处理，促使自身知识经验实现重新建构。

我们的课堂教学实践研究发现，"抛锚式"教学样式是在问题情境或生活情境的基础上进行教与学活动，是与建构主义学习理论相适应的教学样式。"抛锚"就是指真问题的确定，是在真实的环境或模拟环境中确立问题，学习者通过协作共同体，在真实环境中感受、体验、对话和协商，进行信息加工，从而实现问题解决和知识的意义建构。

（一）"抛锚式"教学样式的内涵与外延

1. 内涵

建构主义知识观认为，知识是基于客观性的主观建构。因此，学习者要想完成对所学知识的意义建构，即达到对该知识所反映事物的性质、规律以及该事物与其他事物之间联系的深刻理解，最好的办法是让学习者到现实世界的真实环境中去感受、去体验（即通过获取直接经验来学习），而不是仅仅聆听别人（例如教师）关于这种经验的介绍和讲解。

而人教版数学教材中问题解决内容的编排，是在课程内容的各知识领域中，随着相关知识体系的学习进行穿插安排，表现出螺旋式上升的特点。如教材中明确提供"问题解决"的思考程序，低年段呈现"三步三问"的方式，通过呈现问题材料后，提出"知道什么""怎样解答""解答是否正确"三个问题来完成呈现问题解决的全过程；中高年段则在呈现问题情境后，以"阅读理解""分析与解答""回顾与反思"等方式规范问题解决的过程，帮助学生获得问题解决的基本活动经验。由此可见，教材的编排特点首先体现"抛锚式"教学中问题情境这个"锚"的抛出，其次还体现波利亚的数学问题解决步骤，是学生从数学角度提出问题、分析解决问题的数学化过程。

数学问题解决是以解决问题为目标，以思考为内涵的心理活动过程。[①] 学生发现问题、提出问题、分析问题、解决问题的过程，实际上是思维从直观感知到信息加工，再到策略选择、解决问题的过程，呈现"信息输入—信息储存—信息转换—信息输出"的思维特点。

根据上述建构主义知识理论、小学数学教材编排特点以及小学生问题解决思维特点，我们提出"抛锚式"教学样式。抛锚式教学样式指通过创设问题情境，经过师生的合作学习，学生亲自经历从

---

① 曹艳荣，兰杜云．小学数学课程与教学论［M］．郑州：郑州大学出版社，2007.

识别问题、提出问题到解决真实问题的过程。这里的"锚"就是促进学生自主建构的问题情境。

2. **外延**

"抛锚式"教学中，教与学活动的重心应围绕某一"锚"来设计。通过"锚"的设计，教师提供脚手架和援助，支持学生理解问题解决和进行交际体验，营造能促进合作学习的环境。"抛锚式"教学能促进图形表征、文字表征、符号表征等多种表征方式的转换链接，逐步提高学生解决问题的能力。在引导学生经历"问题解决"的过程中，使学生感知问题解决的过程，积累"问题解决"的基本活动经验。

（二）"抛锚式"教学样式的适用范围

《义务教育数学课程标准（2011年版）》把问题解决作为显性的课程目标，要求提高问题解决的"四能"，如数学表达和交流能力、发展独立获取数学知识的能力等。数学问题解决的教学，基本遵循"呈现情境—提出数学问题—分析问题、解决问题—反思提炼、拓广提高"的基本步骤。"抛锚式"教学样式是学生学会独立识别问题、提出问题、解决真实问题的重要途径，故适用于小学阶段数学问题解决教学。

"抛锚式"教学样式，主要应用于"纯数学问题解决"的教学过程中，表现在将学过的数学知识、原理、技能迁移运用到新的问题情境中。其主要应用的教学内容有：结合概念学习的简单问题解决、简单数量关系复合的问题解决、一般数量关系复合的问题解决、分数应用的问题解决、比的应用的问题解决、比例应用与综合问题解决等。它们在数学教材中的分布及其递进关系，详见下图。

结合概念学习的
简单问题解决
一年级
二年级（上）

（基础）

→

简单数量关系复合的
问题解决
二年级（下）
三年级

（关键）

→

一般数量关系复合的
问题解决
四年级
五年级（上）

（拓展）

分数应用的
问题解决
五年级（下）
六年级（上）

（深化）

→

比的应用的
问题解决
六年级

（联系）

→

比例应用与
综合问题解决
六年级（下）

（综合）

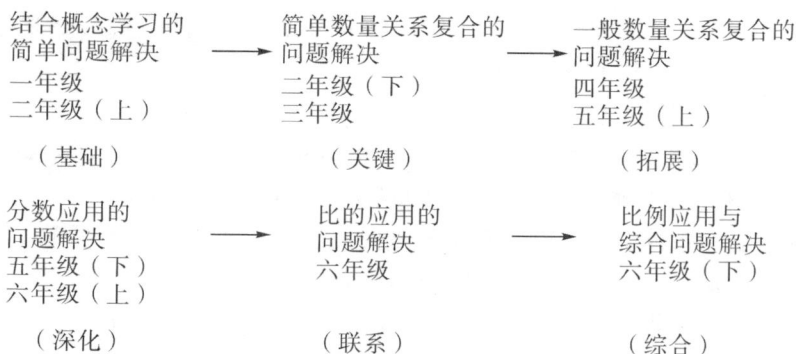

"抛锚式"教学样式的适用范围图

　　"抛锚式"教学样式须根据实际问题和儿童思维特点，随着知识体系的展开而学习应用。在"锚"的设计上，以生活情境的问题方式呈现，只给出相关条件信息，问题由学生提出；相关信息不具有明显的逻辑顺序，具开放性与发散性，而且不强求复杂的数量关系复合。在"锚"的解决过程中，注重问题解决方法的多样化，在原有分析法、综合法基本方法的基础上，增加图示法、列表法、枚举法、逆推法、假设法等辅助方法和特殊方法。在"锚"解决后，不仅关注问题解决的结果，还培养解决问题中的"优化"思想和元认知监控能力。

　　（三）"抛锚式"教学样式的运行方式

　　"抛锚式"是适用于"纯数学问题解决"的教学样式，其运行方式见下图。

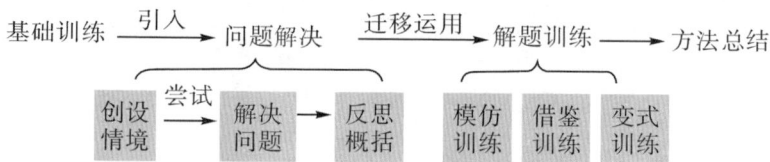

基础训练 ──引入→ 问题解决 ──迁移运用→ 解题训练 ──→ 方法总结

创设情境 ─尝试→ 解决问题 → 反思概括　　　模仿训练　借鉴训练　变式训练

"抛锚式"教学样式的运行方式图

（1）基础训练环节。该环节的作用在于巩固基础，沟通新旧知识，活跃思维。基础训练环节的内容主要是相关知识（数学概念与数量关系）的回忆与生活经验的激活。基础训练环节可以根据学生知识情况适当删减，增加学生问题情境的探究空间。

（2）问题解决环节。通过同化或顺应，对问题特征及解决方法进行初步的概括，完善解题思路与解决方法。本环节的基础是创设数学问题情境这个"锚"。首先，问题情境的创设需要注意加强具有情境的现实性，引导学生利用生活经验解决实际问题；增强问题思维的灵活性，体现解决方法多样的特点，展示学生不同的思考水平，使情境创设价值最大化。接着，针对问题情境的感悟，收集、整理相关信息；建立题中数量关系之间的联系，建立解题思路过程中各要素的联系，培养审题能力；采用相互交流或小组合作的方式尝试解决问题。最后，反思概括主要是进行解决方法的比较，反思解题思路的合理性，概括问题特征及解决方法，检验结果的合理性，养成检查习惯。

（3）解题训练环节。本环节作用在于巩固方法，开拓思路，灵活运用，提高能力，主要采取模仿性训练、借鉴性训练和变式训练等训练方式。模仿性训练：巩固具例题特征的问题的解题思路与解决方法，领会模仿的思考方法。借鉴性训练：根据例题特征的解题思路进行基本的解题训练，以强化解决问题的结构特征认识与解题思路的理解，体会借鉴的思考过程。变式训练：通过各种问题情境变换的解题训练，领会迁移的思维方法，培养思维的敏捷性与灵活性，提高解决问题的能力。

（4）方法总结环节。本环节主要作用是问题的结构特征与解决方法的总结，主要内容是解决问题经验的积累及各种方法的比较。

这四个环节相互支撑，互相联系。在"抛锚式"问题解决教学中，要注重对信息材料的解读，经历审题过程；注重解决方法的比较，促进学生数学思维的发展；重视梳理回顾，形成反思经验进而提高解决问题的能力，促进活动经验的积累。

（四）"抛锚式"教学样式的典型单元课例

课例：人教版义务教育教科书（2013 版）三年级上册第二单元第四课时《用估算解决问题》

【单元备课分析】

1. 本单元内容在学生发展中的地位

《义务教育数学课程标准（2011 年版）》认为，数感主要是指数与数量、数量关系、运算结果估计等方面的感悟。数感是学生数学素养的标志，是学生构建数概念和有效计算等数学活动的基础。可见，作为培养学生数感的重要内容的估算教学，要重视生成估算方法，培养估算意识，理解估算的意义。因而，本节内容是估算意识和数感培养的重要载体，作为第一学段的估算内容之一，主要解决三个关键问题：根据解决问题的需要合理选择估算；选择适当单位进行估算；学会通过对相应结果上下界的理解作出判断。其估算教学的核心在于让学生"想估""会估"。

本节课是在二年级下册"万以内数的认识"，用整百、整千的加、减法口算通过估算解决简单的实际问题的学习基础上进行学习的，是为三年级的上册学习"万以内的加法和减法（二）的估算"做铺垫。可以说，本章节是学生根据问题调整估算策略的一个重要的起始，它为后面学习乘除法的估算奠定了方法与策略基础。

2. 学情分析

从学生认知特征分析，三年级的学生年龄处在 9 岁左右，思维水平处于承上启下的阶段，主要特征是以具体形象思维为基础，其逻辑推理受到具体经验的局限，并处于辩证思维的萌芽阶段。而估算本身是一种开放型的创造性活动，估算的方法灵活多样，因内容而定，因实际情况而变化，往往带有很多不确定因素。因而，学生不容易理解和掌握估算的策略和方法，不容易产生必须估算的需求。

从学生已有知识基础分析，先前数学学习主要以精算为主，解决问题都是以确定性的、唯一的解决方式为主，而二年级学习的估算策略由于间隔时间较长，有所淡忘。因而学生难以灵活选用估算策略进行估算，对于"为什么要估""选择什么单位、用什么方法估""估的结果是否正确有用"成为困扰学生的难题。

课例导读：估算教学，是基于现实问题，选择合理的估算策略解决问题的教学过程，是数感培养的重要内容。让我们透过这个课例，看看朝天小学肖丽华老师是如何利用"抛锚式"教学样式，创设问题情境的"锚"，促使学生经历"数学化"的问题解决、进而培养数感的教学过程。

【教学"再设计"意图】

估算是小学数学教学的重要组成部分，教学中要有效培养学生的估算意识，让估算成为学生的一种学习习惯。旧版教材从生活情境引入问题，直接提出用估算的方法解决问题，并通过展现学生不同的估算策略，让学生体会方法的多样性，以及策略不同估算结果也不同。这样，在实际教学中就容易出现学生不能感受到为什么要估，因而不会主动估算、只是按教师的要求估算的现象。本节课采取"意识先行，方法策略相伴"的方式，将教学重点定位于进一步培养学生用估算解决问题的意识和灵活选择估算策略的能力，体会估算的价值。

本课例通过"复习旧知，唤醒估算意识—创设问题情境，生成估算方法—巩固练习，理解估算意义—回顾反思，积累估算经验"的流程，让学生经历估算方法的选择过程和估算方法解决问题的思考过程，从而明确到"为什么要估算""怎样估算""估算有什么好处""估算要注意什么"等问题，进一步培养学生的估算意识和估算能力。

【教学目标】

（1）经历实际生活中运用估算的过程，进一步培养估算解决问题的意识。

数学化思想视角下的教学再设计

（2）能在具体情境中，灵活选择估算的策略，体会估算的价值。

（3）通过与他人交流算法的乐趣，培养分析、综合及简单推理的能力。

【重点难点】

能根据具体情景选择合适的估算策略并能表达和用简单的算式表示估算的思维过程和结果，体会估算的价值。

【教学过程】

教学环节	教学过程	设计意图
基本训练环节：复习旧知，唤醒估算经验	1. 出示课件 射击闯关比赛： 第一关 总成绩超过 500 分过关（239 347） 第二关 总成绩超过 800 分过关（481 424） 第三关 总成绩超过 1 000 分过关（465 488） 2. 小结 用估算解决问题，既简便又快速。 板书课题：用估算解决问题。	回顾估算的策略与方法，用估算的方法得到一个约数来进行比较也能解决问题，让学生再次认识解决问题时可以用到估算方法，这样既简便又快速
问题解决环节：创设情境，生成估算方法	1. 引入主题图，确定方法 课件出示观看电影时的数学问题情境，从图中你了解到了哪些信息？ （1）提出问题：六个年级的学生同时看巨幕电影坐得下吗？ （2）分析与理解问题。 提问："坐得下吗"是什么意思？学生发现其实就是比较六个年级的学生人数与座位数的大小关系。 板书：人数＜座位数，能；人数＝座位数，能；人数＞座位数，不能。	创设情境，通过教师的引导，让学生明确利用估算同样可以直接解决问题，从而最大程度上避免学生使用先算后估的方法

168

（续上表）

教学环节	教学过程	设计意图
问题解决环节：创设情境，生成估算方法	小结：只需要比较出学生人数与影院座位数之间的大小，所以我们可以用估算的方法估出学生的人数，再比较。 2. 用估算解决问题 （1）初步尝试估算方法。 提问：可以根据之前学习的估算方法（估成整百的方法）来估出学生的人数吗？ 思考过程：想、估、比、判断 小结：估算结果得出的约数是400，比座位数少，应放在数线的左边，而我们只能判断学生人数比400多，无法判断学生人数比座位数441大还是小。所以无法判断是否坐得下。也就是说估算出来的400不能帮助我们判断出人数与座位数的大小。 （2）调整（选择适当的单位）估算方法。 教师提问：当发现上一种估算方法，将两个数都估成整百数不能解决问题，思考如何调整，还有其他的估算方法吗？ 小结：我们把看电影的学生人数估少了，得到一个约数是450，但真正的学生人数比450多，而450又比座位数441多，可以判断学生人数肯定比座位数多，所以就可以判断坐不下。利用数线来分析： 　441　　450　　223+234 　├─────┼───────────► 3. 回顾反思 回想过程与步骤：想（分析）；估（估算）；比（比较）；判断（答）。 反思解决策略：回想我们刚才的两种估算方法，你发现了什么？为什么第2种可以解决问题？	经历选择单位的过程，体会要根据数据的情况，不断调整估算方法，选择适当的单位才能就解决问题

（续上表）

教学环节	教学过程	设计意图
问题解决环节：创设情境，生成估算方法	4. 小结 在估算的过程中得到的约数或近似数无法进行比较时，我们就要进行调整，可以是调整估算单位，从估成整百数转变成整百整十数；也可以是通过调整估大或估小的估算策略（学生有汇报才补充）。	通过汇报交流掌握估算策略与步骤
解题训练环节：巩固练习，理解估算意义	书本练习两题 小结：在利用估算解决问题时，要根据数据的实际情况选择适当的单位，适当的方法，才能有效解决问题。	设计相似的问题，巩固方法，丰富估算策略
方法总结环节：回顾反思，积累估算经验	1. 小结 通过这节课的学习，你有什么收获？用什么策略进行估算？ 2. 拓展延伸 今天我们初步学习利用估算来解决实际问题，了解了一些最基本的估算策略与方法。今后还有更多的估算策略与方法：如四舍五入法、进一法、去尾法等，等待着我们去学习、去探索！	通过整理小结，再一次自主梳理本课所学知识；给学生创造质疑的机会，提出疑惑。同时，教师对学生将来的估算学习进行简单的延伸

【课例评析】

本课例通过"复习旧知，唤醒估算意识—创设情境，生成估算方法—巩固练习，积累估算经验—回顾反思，理解估算意义"的流程，让学生经历估算方法的选择过程和用估算方法解决问题的思考过程，进一步培养学生的估算意识和估算能力。

1. 创设问题情境，唤醒估算意识

估算教学强调结合具体情境估算，强调估算的数感培养功能和数学活动经验的增强功能。本课开始设计射击游戏和电影院数学问题情境，让学生深刻感受到不需要计算出精确结果就能快速解决问题，唤醒估算意识，体会估算的必要性。把估算的必要性放在具体的背景下判断，让学生知其然又知其所以然，感受估算对解决生活问题的作用。

2. 解决实际问题，生成估算方法

本课例中，注重加强估算方法的指导，把选择合适的估算单位与估算的方法作为教学的重点。本课例通过解决实际问题，让学生生成"想、估、比、答"四个估算步骤，并用符号化的方式规范思维过程。估算步骤的生成，符号化地呈现估算的思维过程，让学生有了一定的思考方向与表述的方法，为后续的学习提供了基础依据。

3. 注重数形结合，理解估算意义

三年级的学生以直观形象思维为主，辩证思维和逻辑思维能力较弱。本课例中，教师创造性地使用数线图帮助学生进行估算判断，把有形的思考活动与思想以符号为载体呈现出来，帮助学生建构对概念和问题情境的数学化理解。

4. 加强回顾反思，积累估算经验

学生要形成实践应用的估算的理性认识，需要在观察、比较、沟通的回顾反思中，实现感性向理性的转变。本课例中，每次解决问题后，教师都注意让学生思考："这个数学问题和平时的有什么不同？为什么要用估算方法解决？估算的方法有什么不同？"这体现教师不仅注重帮助学生掌握基本的估算方法，还注重引导学生在解决实际问题过程中不断反思、判断、选择、调整，丰富估算经验，促进估算内化为策略，从而提高估算能力。

二、驱动式："现实问题解决"教学样式

"现实问题解决"具体是指数学现实问题的解决，是数学问题解决中的一种。数学现实问题解决是以问题为载体，师生共同参

与，帮助学生积累数学活动经验的学习活动。数学的现实问题解决包括数学探究、数学建模、数学实际应用活动，是学生综合运用所学的数学知识、思想、方法解决一些数学问题或现实问题的过程，是"综合与实践"领域的重要内容。

由于数学现实问题解决是小学数学教学的新领域，目前教学中普遍存在一定的困难与问题，影响教学效果，亟须给予解决。例如：由于可用教学资源不足，使教师感到操作有难度；由于可借鉴经验少，容易出现教学目标定位不准确的问题；忽视让学生在实践过程中获得活动经验、思维方法和情感体验，造成教师教学操作有误区；只停留在分组或者蜻蜓点水式的提醒上，教学指导方式单一，形式化倾向严重；教师指导力度不足，学生活动耗时多，实效性不强等。

学习共同体理论对数学现实问题解决有较强的指导作用。学习共同体是学习者在共同目标的引领下，在同伴支持和知识共享的基础上，通过对话、分享、协商、反思等实践活动，以达到有意义学习为目的，以促进个体发展为旨归，以追求共同事业为目标的一种特殊的组织形式。① 学校班级学习共同体是由学习者（学生）和助学者（教师）共同组成的，以完成共同的学习任务为载体，以促进成员全面成长为目的，强调在学习过程中以相互作用式的学习观作指导，通过人际沟通、交流和分享各种学习资源而相互影响、相互促进的基层学习集体。它与传统教学班和教学组织的主要区别在于强调人际心理的相容与沟通，在学习中发挥群体动力作用。

在相关的学习理论指导下，通过课堂教学实践，我们发现"驱动式"教学样式能较好地进行学习者（学生）和助学者（教师）之间的信息交流，以及学习者与同伴之间的交流和合作，完成知识的共同建构与分享，有利于培养学生运用数学知识解决现实问题的能力。

---

① 袁利平，戴妍. 基于学习共同体的教师专业发展［J］. 中国教育学刊，2009（6）.

（一）"驱动式"教学样式的内涵与外延

1. 内涵

建构主义理论认为，知识不是通过教师传授得到的，而是学生在一定的情景即文化背景下，借助其他人（包括教师和学习伙伴）的帮助，利用必要的学习资料，通过意义建构的方式而获得。它提倡在教师指导下的以学生为中心的学习，即强调学生的认知主体作用，又不可忽视教师的主导作用。教师是意义建构的帮助者、促进者，而不是知识的传授者、灌输者；学生是信息加工的主体，是意义的主动建构者，而不是外部刺激的被动接受者和被灌输的对象。现代学习理论反映在教育教学上，就是教师应重点关注学生对自己及学习环境的知觉，让知识变得有意义。同时，要根据学生已有的心理结构，提供适当的问题情境，在解决问题的过程中掌握一般的原理，使学生能把所学的知识用于解决新的问题。

数学现实问题解决主要集中在"综合与实践"板块，该板块是以问题或任务为载体、以生活情境为呈现方式、以学生活动为核心的实践性课程。"综合与实践"的安排基于小学生的知识经验、生活经验和思维经验。"综合与实践"分为两个阶段：第一学段，学生处于具体形象思维阶段，强调参与实践活动，并运用较单一的知识、方法解决简单问题，初步尝试"综合"运用；第二学段，学生逐渐向抽象逻辑思维阶段发展，具有一定的数学基础知识和社会经验，增加了有目的、有合作的实践活动，体验解决问题的四个方面，培养问题解决的四种能力。数学现实问题解决关注任务、关注过程和关注综合，在综合应用数学知识解决问题中发展学生的数学思维能力，积累活动经验。

综上所述，根据建构主义学习理论和数学现实问题解决教学的特点，我们提出了"驱动式"教学样式。"驱动式"教学样式是以任务为驱动，以问题为载体，通过师生共同参与，完成学习任务的分析、讨论和分解；学生在收集相关资源的基础上，通过自主学习、合作学习，找到问题解决方法，完成任务。

2. 外延

"驱动式"教学是在教师的帮助下，围绕一个任务，通过对已有知识经验和学习资源的主动应用，完成既定任务的自主合作学习过程。这个过程中，用任务驱动的方式，引发学生的问题意识，激发其求知欲；以学生的心理水平、学习兴趣和跨学科的综合性知识为基础，强调知识的综合运用和解决问题能力的培养；以教师指导、学生独立思考、生生合作为交流方式，帮助学生积累活动经验，培养探究和应用的意识。

"驱动式"教学能让学生提高学习的效率和兴趣。学生在解决问题、完成任务的多维互动中，获得满足感和成就感，激发求知欲，形成感知心智活动的良性循环。"驱动式"教学将以往的传授知识变成探究式学习，培养了学生分析和解决问题的能力，提高了学生的数学关键能力。

（二）"驱动式"教学样式的适用范围

"驱动式"教学样式的适用范围，主要在"综合与实践"板块以及数学现实问题解决教学，涵盖了学习"数学与生活"的各个领域，能促使学生学会从数学的角度认识和解决个人与自然、个人与社会的基本问题。其教学关键之处在于设计有效的任务，激发学生的问题意识，产生深入思考和探究的欲望。具体的教学方式方法是：第一学段，主要以游戏竞赛、学具操作、模拟现实为主，强调具体化的实践活动；第二学段，主要以学具操作、实地测量、参观调查、小课题研究为主，强调经历有目的、有步骤、有合作的实践活动，经历"做"的过程，综合运用数学知识解决实际问题。

"驱动式"教学样式主要用于有任务主题的操作活动、数学调查、主题学习、数学知识拓展活动中。①操作活动。学生在教师指导下，在某一任务主题下，经历操作、制作的学习过程，如"摆一摆、想一想""量一量、比一比"、制作活动年历等。②数学调查。在教师指导下，学生确定专题，通过获取信息、分析信息做出决策的活动，如"探索图形""1亿有多大""自行车里的起跑线"等调查。③主题学习。通过某一主题的研究，经历收集信息、处理信息和得出结论的过程，如"测量一片树叶的面积""多边形的内角和""确定起跑线"等。④数学知识拓展活动。如方程史话、圆周率、有趣的数字编码等数学史或数学知识的整理、应用、分享、交流活动，感受数学与生活的联系，激发学生学习兴趣。

（三）"驱动式"教学样式的运行方式

"驱动式"是适用于数学现实问题解决的教学样式，其运行方式见下图。

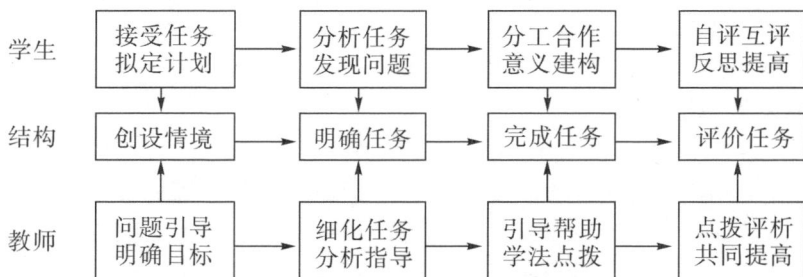

"驱动式"教学样式的运行方式图

（1）创设情境环节。创设与当前学习相关的、真实的学习情境。学习情境要直观、形象、真实，能有效激发学生的学习兴趣，唤起学生原有认知结构的相关知识、经验和表象，以便同化和顺应新知识。教师要做好问题的引导，明确活动目标，一方面教师要明确任务所要达到的"教学目标"，另一方面学生要明确完成任务的指标，做到有的放矢。

（2）明确任务环节。选择与学习主题相关的任务（或问题）作为学习内容，学生确定需要解决的现实问题。任务的选择要突出综合性，体现数学知识间的综合、数学与跨学科的综合、数学与生活实际的综合，促进学生的综合发展。任务的主题需要明确，要有利于学生更主动地激活原有的知识经验，通过问题解决来深化知识理解，建构知识体系。此环节可以分为两个学段：第一学段，可由教师提出问题，学生尝试解决；第二学段，可鼓励学生尝试发现和提出简单情境中的问题，以适应学生思维发展特点。

（3）完成任务环节。在教师的指导下，通过自主学习、合作学习解决问题。这个阶段，教师要加强指导点拨，教师不是直接告诉学生如何解决问题，而是细化任务，提供解决问题的相关线索和方法，如遇到困难，还要及时了解需求，给予有针对性的组织和指导。教师要发挥学生的主动性，设计"弹性"活动情境，让所有学生都真正参与数学活动，满足不同学生的需要。教师要鼓励学生运用多样化的思考方法，鼓励与尊重学生独立思考和互动交流，通过不同观点的交锋，加深和修正每个学生对当前问题的解决。教师要关注学生的学习过程，通过使学生经历活动过程，从而积累数学活动经验，提升应用意识。

（4）评价任务环节。任务评价主要包括对学生完成当前任务的过程和结果的评价，以及对学生自主学习及合作学习的评价。这个环节的评价，要评价学生知识意义建构的情况，引发新的问题，让学生认知处于暂时的不平衡，鼓励其在课外进一步去探究和解决问题，激励学生后续发展的动力，让有限的课堂教学时间收到更大的教学效益。

（四）"驱动式"教学样式的典型单元课例

课例：人教版义务教育教科书（2013 版）六年级上册第五单元第八课时《确定起跑线》

【单元备课分析】

1. 本单元内容在学生发展中的地位

"确定起跑线"是学生在掌握了圆的概念和周长等知识的基础上开展的一个综合与实践活动，是培养学生"四能"的良好素材。本活动给学生提供了亲自测量跑道数据的机会，需要综合运用体育学科知识，数学学科内容知识如平行线和同心圆知识、圆的周长计算、数据的收集、数学推理等方面的知识来解决问题。在这个活动过程中，学生需要以"各条跑道的起跑线应该相差多少米"为核心问题进行研究，利用组合图形的有关知识计算每条跑道线的长度，最后用列表的方式观察类推求出每条跑道线的长度来解决问题。这实际上需要学生系统运用数学知识解决实际问题，是学生数学建模的过程。有效实施本活动，能帮助学生感悟数学与现实之间的联系，加深理解数学知识，积累活动经验，提升应用能力。

2. 学情分析

"确定起跑线"的知识基础是学生已经掌握了圆的概念和周长等知识，而这一活动综合了图形的认识、测量、计算、推理等多方面的数学知识与技能，对于六年级学生来说，相关知识和技能的综合运用有一定的难度。从实践角度看，学生只是从表面上熟悉操场跑道，但对跑道结构、道宽及跑道中弯道半径理解较陌生，缺乏活动经验积累和知识储备。因此，教师需要在学生原有认知结构中的活动经验和知识技能基础上进行教学。

> 课例导读：利用"综合与实践"活动能让学生经历问题解决的全过程，积累活动经验，从而学会对数学问题进行数学抽象，用数学语言表达问题，用数学知识方法解决问题。让我们看看越秀区惠福西路小学陈杰伟老师如何在"确定起跑线"教学中提升学生的"四能"实效。

【教学"再设计"意图】

"确定起跑线"需要综合运用图形的认识、测量、计算、推理等知识与技能，任务量多，难以在一个课时内完成。因此，本活动的实施需要整合课前、课中以及课后三部分。学生对跑道结构、道宽及跑道中弯道半径理解较陌生，需要在量一量的基础上增加看一看（整体观察运动场、各起跑线、终点线等）、走一走（直道、弯道）、辨一辨（辨认数学图形），其目的是通过活动增强学生体验的过程，为后续学习提供活动经验。素材上如果以400米为研究对象，400米跑道比100米跑道多了1个直道和2个弯道，计算量大，不容易发现问题本质。教学中可以优化核心研究问题素材，用200米跑道作为研究素材，200米跑道只有1个直道和1个弯道，问题出在弯道部分，可以借助圆的周长公式将问题数学化，构建解决问题的数学模型。

【教学目标】

（1）通过到体育场参观、调查等活动，能发现并提出有关"确定起跑线"的相关问题。在讨论与交流中，完善解决问题的方案。综合运用数学知识解决"怎么确定200米跑的起跑线"的问题。

（2）在活动中积累发现与提出问题的经验，体会用数学知识分析与解决问题的过程，感受数学知识与生活的联系。

【教学准备】

（1）课前到运动场进行观察与实践、组织小组交流与评议，并分别拍摄照片、视频。

（2）师：课件；每人一张运动场平面图及活动指南、我的问题单。

生：6人为1组，每人一个计算器，小组活动单1、2各一张。

【教学过程】

教学环节	活动过程	设计意图
创设情境	一、课前活动部分（运动场观察及实践活动） 1. 看一看 整体观察运动场，看终点线，知道第1跑道全长是400米。观察100米起跑线、200米（或400米）起跑线，从而让学生发现一个特别的现象——"直道起跑时在一条直线上，弯道起跑时则每条跑道起跑线的位置不同"。	课前活动是综合实践活动中的一个重要组成部分，需要精心设计并且落实到位。在丰富学生体验的同时，为后面综合运用知

（续上表）

教学环节	活动过程	设计意图
创设情境	2. 走一走 4 人一组，手拉手分别在跑道的直道部分和弯道部分分道行走，体会走弯道部分时靠外道部分学生的"吃力"并说明原因。 3. 辨一辨 在运动场里很多地方都有数学图形的影子，而弯道部分的跑道线是怎样的数学图形呢？圆心在哪呢？老师帮助学生找到圆心并说明弯道部分的跑道线其实就是一组同心半圆。 4. 量一量 让学生在 200 米（或 400 米）起跑区用步测的方式估测起跑线与起跑线相差的距离。 5. 议一议 分小组的同学坐在一起，每位同学将自己在活动中一些感兴趣的话题或困惑的地方说给其他同学听，如"为什么直道起跑是在一条直线上？""弯道起跑时起跑线为什么要前移？""怎样前移""前移多远"等，相互交流和评议，形成个人要提出的"问题"，填写在"我的问题"上并上交	识解决问题奠定基础，并提供给学生一个发现和提出数学问题的平台
明确任务	二、课中活动部分（课室组织进行思维推理及实践活动） 1. 回顾观课前活动，选择研究问题 师：运动场跑道由哪些部分组成？弯道部分是什么形状？ 师：在实践中，我们已经解决了同学们提出的这些问题。①终点线在同一直线上，200米跑、400 米跑起跑线不在同一直线上；②任意跑道的道宽一样长；③外圈跑道比内圈跑道要长一些。	在分析问题环节，让学生体会分析问题怎样抓住问题的数学本质、怎样把问题数学化，明确所涉及的数学知识和方法，从而规划问题解决的方式和步骤，为具

数学化思想视角下的教学再设计

（续上表）

教学环节	活动过程	设计意图
明确任务	师：外圈跑道比内圈跑道要长一些。那长多少？即相差多少呢？这个问题在众多的问题中特别有研究价值，因为解决了这个问题，也就知道如何确定 200 米跑的起跑线了。 2. 明确解决思路 小组合作：根据运动场的平面图，选两条跑道进行分析，即怎样求这两条跑道起跑线相差多少米。小组长把方案填在小组活动单 1 上。 教师及时到每个组巡视、了解、指导，提醒写方案。 根据巡视情况有选择地邀请小组代表汇报。反馈过程中突出求什么就是怎样求，为什么？	体解决问题做好准备，提升学生初步的数学化分析能力，这是学生在分析问题的过程中需要积累的东西
完成任务	3. 尝试解决问题 小组合作提出解决问题方案。（可用计算器计算） ①分工列式计算每条弯道长，把结果交给小组长填在小组活动单 2 上；②分工计算相邻两条弯道长度差，小组长把结果也填在小组活动单 2 上；③通过计算，有什么发现？ 数据如下：第一弯道半径 36.3 米，道宽1.25 米。 小结：我们研究了"200 米跑各条跑道起跑线相差多少米"，结果都是相差 3.93 米。 师：以第一道为标准，第二道前移多少米？以第二道为标准，第三道前移多少米？以第一到位标准，第三道前移多少米？	在解决问题环节，融合了计算、比较、推理等活动，体会到可以从不同角度解决问题，实现方法优化。以迁移尝试拓展解决其他问题，提升解决问题的能力

0

（续上表）

教学环节	活动过程	设计意图
评价任务	4. 迁移拓展 在解决"怎样确定 200 米跑的起跑线"问题后解决"400 米跑的起跑线"问题。 5. 小结活动过程 师：从课前到课中，我们经历了哪些活动？有什么收获？ 三、课外活动部分（课外组织学生选择运动场地进行实践活动） 课后，学生用这种学习继续研究学校运动场中的数学问题，调查或上网了解更多生活中的数学。	通过梳理活动过程，帮助学生积累活动经验和进行方法总结，优化问题解决方法 把实践探索活动延伸到课外，增强学生的应用意识

【课例评析】

本节课是一节综合实践活动课，综合了图形的认识、测量、计算、推理等多方面的数学知识与技能要求。执教老师着眼于在"四能"背景下设计和实施，分课前、课中以及课后几个部分，并联系起来形成一个整体，帮助学生经历从现实中发现和提出有价值的数学问题，抓住问题本质分析问题，将问题数学化解决，并且迁移解决新问题。

1. 借助课前体验活动独立发现和提出有价值的数学问题

六年级学生要学会独立从数学的角度发现和提出有价值的问题。本活动教师在课前活动部分与体育老师一起带领学生赴运动场进行观察及实践活动，重点观察跑步比赛的终点线、100 米跑、200 米跑的起跑线。通过走一走、辨一辨、量一量、议一议，帮助学生发现与提出问题。在交流中有些问题得到了解决，比如终点线在同一直线上，200 米跑、400 米跑的起跑线不在同一直线上等。有一些问题留在课中活动来解决，提出了核心问题：200 米跑各条跑道起跑线相差多少米？解决了这个问题，也就知道如何确定 200 米跑的起跑线了。

2. 通过思辨学会抓住问题的本质数学化分析问题

在活动中，执教老师以"问题串"的思考引领学生思辨，帮助学生学会抓住问题的本质分析问题并数学化解决：要求这两条跑道起跑线相差多少米，就需要求出这两条跑道的全长，再相减。有没有更简便的方案？为什么可以不用求直道长？通过这样的思辨活动，直指问题的本质，把求两条跑道的长度差转化为求两条弯道的长度差，使方案简化。师追问：这个方案需要弯道多长？怎么求弯道长？需要什么数据？让学生很快把问题数学化，想到用学过的数学知识来解决生活中的问题。这样的分析过程为具体解决问题作好准备，提升学生初步的数学化分析能力，极大帮助学生学习和积累分析问题的有效方法。

3. 以比较促推理探索解决问题方法多样性并优化

课标要求学生要了解解决问题方法的多样性。基于此，执教者在小组分工计算解决了相邻两条弯道长度差都是 3.93 米的基础上，追问：是一定，还是碰巧？为什么？目的是帮助学生通过比较算式推理得出更确切的结果，那就是相邻两条弯道长度差都是 1.25π 米，这样学生也就能解决任意两条跑道长度差的问题了，实现了解决问题方法的多样性，实现方法的优化，同时培养了学生的推理能力。

第五章 小学数学化教学过程的再设计

用数学方法把实际材料组织起来，在今天就叫作数学化。数学的发展过程就是将现实世界不断数学化，现实世界是不断发展的，因此数学化也就随之变化、拓展、深入。而教学过程是教学活动的启动、发展、变化和结束在时间上连续展开的程序结构，具有复杂性和多元性；它不仅是认识过程，还是心理活动过程、社会化过程。因此，数学化教学过程不单是传授与学习文化科学知识的过程，同时也是促进学生身心发展的过程。

建构主义学习理论认为，教学过程的最终目标被确定为帮助学生建构意义，教师是教学过程的组织者、指导者，也是意义建构的帮助者、促进者，教学是知识的处理和转换，学习者才是真正的中心。教学的重点是学生的认知，学习的目的是帮助学生发展适用于各种学科的学习和思考的策略。

在开展小学数学化教学过程再设计的实践研究中，我们主要从教学过程中"选择教学内容""筛选教学方法""指导学生学习"三个方面展开。"选择教学内容"时，教师要突出重点，把控主次，给予学生学习的时间和空间；"筛选教学方法"时，教师要善于优化教学方法，返权于学生，并勇于摒弃"过度讲授"（满堂灌）；"指导学生学习"时，教师要制定适切学习目标以尊重学生学习需求，提供异质学习内容以关照学生的自主差异。

第一节 "概念理解"教学过程的再设计

建构主义主要站在学习者的角度，关注个体如何如以原有的经验、心理结构和信念为基础来建构知识。在"概念理解"的学习过程中，教师需要通过与学生共同针对某些问题进行探索、相互交流和质疑、了解彼此的想法，从而引导学生丰富或调整对数学概念的理解和掌握。

因此，在小学数学"概念理解"教学过程再设计中，不仅要"聚焦"立足概念形成过程的"生长点"（即学生已有的知识经验中与新知相关联的部分）与"结点"（即学生形成新概念遇到的难点），还要从基本思想方法、意识的培养等角度出发，"搅动"促成学生的数学思维发展。

一、案例与评析

（一）侧重"选择教学内容"再设计的典型单元课例

课例：人教版义务教育教科书（2013版）四年级下册第五单元第一课时《三角形的认识》

【单元课例分析】

1. 本单元内容在学生发展中的地位

三角形是生活中常见的图形，是基本的几何图形，任何多边形都可以分割为三角形。在一年级下册，学生已经对三角形有了直观的认识，并能够从平面图形中分辨出三角形，而本节课在上述内容的基础上，进一步丰富学生对三角形的认识和理解。通过本单元的学习，从"形"的方面加深学生对周围事物的理解，发展学生的空间概念和几何直观，积累一定的学习图形的经验，同时为后续学习其他平面图形打下基础。

2. 学情分析

四年级的学生具有以自我为中心进行探索性学习的能力，他们的知识经验是在与客观世界的相互作用中逐渐形成的，这些知识与经验也是他们进一步学习的基础。经过第一阶段的学习，学生已经获得对简单平面图形的直接经验，具备了一定的抽象思维能力，可以在比较抽象的水平上认识图形，这为其进一步自主探索图形奠定了基础。因而，第二学段的四年级学生可以通过观察、操作、推理等手段，逐步认识三角形。在认识三角形的过程中，画高是学生的易错点。

> 课例导读：概念理解需要经历数学化的建模过程，实现"生活数学化"和"数学生活化"的双向关联。让我们看看广州市越秀区文德路小学邓伟伦老师如何进行《三角形的认识》的教学。

【教学"再设计"意图】

《三角形的认识》这一内容在"三角形"单元中是起始课，也是学生进一步认识三角形的基点，同时也是知识延伸的节点。

作为一节概念教学课，同时也是"种子课"，知识点零散，前后练习联系不大，重难点偏多，并且教学内容抽象枯燥，学生不容易掌握。基于以上原因，教师从学生原有的生活经验和已有的知识背景出发，采取实验观察、独立思考、合作探究等学习方式，帮助学生在实践活动中理解概念，掌握知识。

提供唤醒旧知的学习素材，经历三角形概念的概括过程。教师设计"画→辨→认"三角形的过程，在动态中完整认知三角形的特征，让学生数学化地认识三角形的概念。这样的设计，有利于把碎片化的认知整合并抽象概括出概念的本质特征。

本节课的难点是理解三角形的高的含义，并学会在三角形内画高。在充分挖掘教材的内在联系前提下，把握准学习的疑惑点与困难点，结合学生的实际情况只安排例1的学习，设计"认高→画高→辨高"活动，让学生经历高的概括过程和感受画高的过程，为后续学习夯实基础。

【教学建议】

在充分感知的基础上动手操作去认识三角形的特征。

【教学目标】

（1）理解三角形的定义，认识三角形各部分的名称和三角形的高，并会画高。

（2）经历三角形的认识过程，体验直观观察、实践操作等学习方法，同时积累认识图形的经验和方法。

（3）加强数学知识与日常生活的联系，激发学习兴趣，培养学生动手操作能力和合作意识。

【教学重点】

（1）理解三角形的概念，掌握三角形的特征。

（2）在三角形内画高。

【教学难点】理解三角形的高的含义。

【教学过程】

一、创设情境，激发兴趣

【设计意图：通过复习有关点、线相关知识唤起知识经验，借助生活中的物体某个面是三角形激发知识点的生长点，为后续的学习铺垫基础。】

（1）提问：通过一个点、两个点、三个点可以画几条直线。

（2）出示第59页主题图，找出学过的三角形。（课件隐去背景图显示三角形）

（3）举例并判断教师呈现素材中哪里有三角形。（课件在图上描出三角形后隐去背景图）

（4）谈话引入课题。

二、操作感知，理解概念

1. 画三角形，解析概念

【设计意图：通过画三角形切入新知学习，依托原有的学习经验为建立三角形的完整概念搭建自主的平台。】

（1）要求学生画三角形，提问怎样画？根据什么判断？（引导看书第60页的概念，围绕核心概念"线段""围成"去反问）

（2）学生根据定义重新画一个三角形。

2. 抽取特征，深化概念

【设计意图：通过体验"画三角形"的过程后再辨析三角形的特征，由表及里深化学生的认知，内化三角形的特征。】

（1）介绍三角形的各部分名称。（板书：顶点、边、角）

（2）认识顶点和边的对应关系。

（3）用字母表示三角形的三个顶点。要求学生在自己画的三角形标出顶点名称和三角形的名称。

3. 辨析三角形，内化概念

【设计意图：通过辨析练习进一步深化认知，内化概念。】

三、自主探索，识高画高

1. 创设情境，引入三角形的高

【设计意图：创设情境引导学认知三角形的高，让学生经历从"生活中的高"过渡到"图形的高"的数学化过程。】

（1）课件出示情境：模型工厂运送三角形模型进厂房。

提问：为什么三角形模型运不进去？为什么？（三角形太高了）

（2）看书说明概念。

2. 引导操作，理解高的含义和画法

3. 学生自由画高

（1）说出每个三角形各部分的名称，并画出指定底边上的高。

（2）出示直角三角形，根据不同底找出相应的高。

小结：画一个三角形指定底边上的高，首先要确定以哪条边为底边，找准所对的顶点后再画出相应的高，任何一个三角形都有三条高。

4. 呼应导入环节解决问题

四、巩固练习

【设计意图：层层深入巩固所学知识，借助组合三角形提升思维画出钝角三角形的外高。】

1. 填空

（1）由三条_____围成的（每_____的端点相连）图形叫三角形。

（2）三角形 DEF 中，顶点 D 的对边是_____，顶点 E 的对边是_____，顶点 F 的对边是_____。（图略）

2. 判断题（略）

3. 画出下面三角形 ABC 指定底边上的高

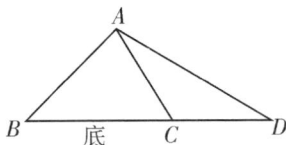

五、课堂总结

【课例评析】

三角形的特征是学生进一步学习三角形的基础。作为一节概念教学的起始课，需要学生在充分操作的基础上感受三角形的外在特征，历经数学化的过程掌握三角形相关的概念。

1. 经历过程，感悟数学化

数学课堂的学习需要充分尊重学生已有的生活经验和知识背景，把握好学生的现实起点，在学生最近发展区开展数学活动。本节课学生已经对三角形有了初步的直观认识，要掌握和理解三角形的概念，需要让学生经历三角形概念的抽象概括过程。本课借助"画三角形→说过程→完善特征→运用特征"的过程，从"随意画→有步骤画→凸显特征画"，帮助学生对三角形的具象进行表征，形成三角形的表象，并逐渐用数学语言完整表达特征，明晰概念的内涵和本质特征，从而经历了三角形概念的数学化过程。

2. 整合资源，凸显数学化

本节课属于概念教学，需要学生经历"数学化"的活动归纳出数学概念。在充分挖掘教材的内在联系前提下，老师结合学生的实际情况，创设运送三角形模具进入厂房的场景，通过生活中的高到数学化的高，从普通三角形的高到动态演示画三角形的高，凸显数学化的认知过程。在动态演示中，以几何直观的方式使学生理解三角形底和高的对应关系，明确高的判定方法是依据高的概念进行的，进一步深化核心概念，有效发展学生的空间观念。

188

（二）侧重"指导学生学习"再设计的典型单元课例

课例：人教版义务教育教科书（2013 版）二年级上册第三单元第二课时《锐角和钝角》

【单元课例分析】

1. 本单元内容在学生发展中的地位

角的认识是"图形认识"的重要内容，角的概念是其中的核心知识。所有的几何概念知识都需要相关角的概念。因此，学生清晰建立角的概念，是以后高层次学习的基础。本节锐角和钝角是在角和直角的基础上进行学习的。学生已经学会如何辨认角和直角，知道角的大小与两边张开的程度有关，并会用三角板判断一个角是否为直角。这节课对角概念进行细化和拓宽，根据角的大小认识角的分类。对于三类角的判断方法，则沿用以前的知识，用三角板上的直角进行判断，体现了方法的前后一致性。

2. 学情分析

本节课的教学对象是二年级的学生，他们已经学会了如何辨认角和直角，并建立了正确的表象，但他们好动、好奇心强，有较强的求知欲，注意力容易分散。他们对锐角和钝角有一定的生活经验，但认识还是比较表面、零碎。二年级学生以形象思维为主，教师要为学生创设更多的动眼、动手、动脑、动口的学习活动，引导学生通过自己的学习体验来掌握锐角和钝角的概念，建立正确的表象。

课例导读：概念理解的纵向数学化过程需要唤醒学生原有知识进行知识的迁移和递进。署前路小学苏美珍的《锐角和钝角》课例通过组织多样的学习活动，指导学生经历概念的数学化过程。

数学化思想视角下的教学再设计

【教学"再设计"意图】

儿童学习概念一般都要经过"直观感知—形成表象—抽象特征—内化形成概念"这一过程。锐角和钝角的教学属于概念教学。为了更好地突出学生的主体地位，紧扣课时教学目标，遵循概念学习规律设计学习活动，让学生通过动脑、动眼、动口、动手，独立发现问题，归纳结论，理解锐角和钝角的概念。学生亲身经历了数学知识的抽象过程，感受到数学知识与生活的密切联系和无限趣味，从而对数学产生亲切感，提高了学习兴趣。

【课例评析】

1. 重视操作活动，建立空间观念

空间观念是空间知觉经过加工后形成的表象。本课例中重视直观操作活动，通过"找角—分角—创造角—画角—拼角"等操作活动，体会从实际物体经过抽象概括建立角的表象的过程。整个教学过程，学生有操作、有经历、有感悟，充分发挥表象的桥梁作用，多层次逐步抽象，解释几何图形的基本特征。

2. 媒体动态演示，展示几何直观

本课从亚运宣传画中利用媒体动态抽象出数学化的角的图形，让学生体验把实际物体抽象成几何图形的过程。在学生对锐角和钝角建立正确的概念后，选取各种各样的角进行角的分类，引导学生去独立探究。利用电脑的动态演示，感受用三角板的直角进行判断的必要性，有效解决矛盾冲突，突破难点，提高学生的几何直观能力。

二、教学再设计中应着重考虑的环节

在数学的知识体系中，概念是数学思维的细胞，是导出数学定理和数学法则的逻辑基础，是解题中进行数学推理、证明的基础和理论依据，故概念教学在数学教学中占有十分重要地位。概念既是数学思维的基础、又是数学思维的结果，概念教学的重中之重是务必让学生亲历概念生成及发展的整个过程。亲历概念发展过程，就是让学生经历概念的引入、形成、应用、拓展与反思等阶段，通过"做中学""深思考"的过程，不仅完成概念的学习，而且完成其中蕴含的思想方法的学习，从而提升学生的数学能力、促进学生数学素养的发展。

《义务教育数学课程标准（2011 年版）》在总目标中提出，通过数学学习，学生能获得适应社会生活和进一步发展所必需的数学的基础知识、基本技能、基本思想、基本活动经验。"四基"的总目标，说明我们不能单纯通过机械模仿、死记硬背进行数学概念的学习，而是要在理解的基础上理解概念的本质并能加以运用，能通过问题情境和不同的探究活动，体验数学发现和创造的过程，积累基本活动经验和基本数学思想。这实际上就是在具体情境中进行抽象概括、模型分析、语言转化和符号运算的数学化过程。

荷兰教育家弗赖登塔尔提出的 RME（真实数学教育）理论认为，通过让学生经历从"问题情境—依赖情境解决问题—用数学语言做数学推理—形式化数学知识"四个层次，从而引导学生经历一个数学概念被重新发明、逐步数学化的建构过程。

综上，"概念理解"教学过程的再设计，可依据学生原有的知识经验，遵循"感知—概括—运用—系统化"的逻辑思路，在真实的问题情境中，通过活动体验，在解决问题中感知概念的本质属性，用多种表征进行抽象概括和推理，最后用数学语言、数学符号形式化生成数学概念和原理。

（一）把握认知起点：感知概念的知识重构

建构主义认为，概念学习是学生程序性知识改变、发展和重建的过程，原有认知结构对新知识学习具有"可利用性""可辨别性"。学生原有认知结构是否有用于同化新知识的观念，是概念学习活动是否顺利进行的关键。如果原有认知结构缺乏新知识学习的连接点，新内容的输入没有相应的旧知与之发生作用，原有的认知结构就不可能进行扩充和建立新的认知结构。构建新的认知结构是以原有的认知结构中的相关内容为基础进行比较、重构的。

教师研究学生原有概念和思维方式，弄清其学习和理解知识的障碍是概念重构的前提。教师只有深入了解学生的迷思概念，加强学生数学概念学习时的有利经验、思维障碍、学习路径的研究，才能合理创设认知冲突。教师可以采用课前调查和导课了解的方法了解学生原有的迷思概念。

例如，教师在六年级学生学习"比例尺"前进行学生调研，出示中国地图，提问学生：你见过它吗？它是什么意思？你是怎么理解的，把你的理解写下来。调研目的是了解学生对生活中常见的比例尺是否有感知以及对比例尺的理解。调查中发现，学生多从长度比、距离比或者面积比等角度来理解比例尺的概念。这说明比例尺对学生来说并不陌生，但熟悉的事物并不熟知，学生理解比例尺的概念容易受到长度和面积两个维度的干扰，而面积又比长度容易感知。通过前期调查，知道学生的认知偏差，教学中就可以设计适应学生"最近发展区"的认知活动。

（二）创设问题情境：感知概念的本质属性

建构主义教学的关键是根据学生认知的"最近发展区"，设计问题情境，搭建适度的"脚手架"帮助学生主动学习，并完成在他人的协助下能完成的学习任务。问题情境需要教师有问题意识，有了问题才会有真正意义上的思考和活动。利用问题情境，调动学生已有知识经验，把新知识分解转换成几个小问题，学生通过一定的方式沿着问题支架逐渐建构新知识。这是问题情境和学生的真实生活活动的联结，是学生横向数学化思维的第一个层次，是经历数学概念重新发现的基础。

当学生用迷思概念理解和解释问题时，学生原有的概念与科学概念产生"不协调"，学生无法用原有迷思概念解决问题，学生依托教师设计的问题支架主动地修建迷思概念。心理学研究表明，当认知冲突越强烈，学生的求知欲就会越强，学习思维的价值也就越大。教师搭建的问题支架，需要以问题冲突动摇其迷思概念，帮助学生进行概念的同化或顺应，形成科学的新概念。

例如，四年级面积的概念学习，学生很早就积累了对面积的体验，但是这种体验却和物体的其他属性（长度、体积、颜色、质量等）的感知糅合起来，特别是不能很好地和"体积"区分开来。同时，在理解面积时，学生对"面积与图形或物体摆放位置是否有关系"的理解上，很多认为只有向上摆放才有面积。教学时，教师可以首先设计"数学书和铅笔盒谁大"的情境，学生根据原有生活经验，会对不同位置的面（如侧面）是否有面积产生思维冲突。教师可以追问：面积是否和方位有关？真的只有向上摆放的"面"才有面积？铅笔盒内部的平面算不算面积？搭建的问题支架让学生真实暴露思维困惑，不断地将学生疑问指向面积定义本身的理解，帮助学生把握数学概念的本质与结构。

（三）丰富探究经验：运用多种表征进行抽象概括和推理

经验是学生知识理解的直接素材，是学生在活动中获得的经验，是学生获得知识、理解技能的载体。库伯的经验学习理论就认为，经验是学习的途径，学习是"始于经验、然后回归于经验"的。基本活动经验的获得是数学课程的目标之一，也是学生获得终身发展的基本源泉。丰富探究经验的过程实际上是学生经历"依据情境解决问题"和"用数学语言做数学推理"的数学化过程，是概念意义的建构过程。

《义务教育数学课程标准（2011 年版）》提出，学生应当有足够的时间和空间经历观察、实验、猜测、计算、推理、验证等活动过程。数学迷思概念对学生而言，看不见、摸不着，理解有困难。创设多层次数学活动，通过动作表征、表象表征、符号表征等多种表征方式，可以丰富学生"做的经验""想的经验"和"用的经验"，帮助学生经历从具体到抽象，从抽象到具体的自我感悟、自我构建的过程，从而促进学生理解抽象的概念。

例如，学习倍的概念是学生的认知结构从加法结构过渡到乘法结构的转折点。学生往往只看到"倍"就乘，没有建立一个正确的"倍"的直观模型。在学习前，多数学生具有"份"的概念，而少部分学生具有"倍"的认识，但受到"比多少"的影响关注多出来的部分。教学时可以设计四个层次活动。活动一：动手操作，用图片摆出 3 和 4 比、3 和 5 比、3 和 6 比，体会不同数量间的比较关系；活动二：观察比较，发现异同，体会哪组"最与众不同"；活动三：表达关系，通过算式表达、文字表达等方式揭示"倍"的概念；活动四：变式练习，通过位置变式、数量变式加深学生的认识，深化标准的重要性。在活动三环节，添加指向"倍"概念的追问，诸如"2 在哪里""为什么 3 个一圈""明明是 3 个，为什么看成 1"等，帮助说的学生加深"倍"的概念理解，帮助听的学生厘清两者关系，学会新的表达方式。多层次的活动尝试放慢学生的脚步，留给学生更多思考和内化的时间，为学生抽象概括自主构建提供了基础，这比直接给出精确的数学概念更加有效。

（四）强化应用意识：运用数学符号形式化数学知识

数学是解决问题的工具，是培养应用意识的载体。《义务教育数学课程标准（2011 年版）》中提到培养应用意识：一方面要利用数学概念、原理和方法解释现象，解决现实世界问题；另一方面要从现实生活问题抽象出数学问题，并用数学方法解决。应用意识的培养贯穿于数学教学的全过程，也包括概念教学的过程中。应用意识实际上是运用数学语言、数学符号运算进行归纳提炼、反思升华的过程，是学生从"数学推理模式"到"形式化数学"发展的过程。

学生对概念的掌握需要经历由具体到抽象，再由抽象到具体多次往复的过程。而教学中，教师容易把解题技巧直接告诉学生，再通过模仿记住技巧。结果在稍有变化的情境中，"特技"失灵，灵活应用知识解决问题成为"泡影"。数学家波利亚曾说过，当我们遇到问题的时候，回到定义中去。这说明了加强概念自觉应用意识，在应用中实现迷思概念的修建，寻找解决问题的新思路的重要性。

例如，三年级学生学习分数概念时，教材和教师提供的图形往往是形状相同、大小相等的图形，学生经过反复的感官刺激，认为只有分得的每个部分形状一样才能叫平均分。教学中，教师补充图（a），让学生说一说是否能用分数表示，如果可以，用怎样的分数表示？许多学生认为不可以用分数表示。教师动画演示成图（b），学生立刻明白可以用1/2表示，教师追问：涂色个数与未涂色个数有没有变化？为什么现在可以用1/2表示？学生在应用概念解决问题过程中，认识到涂色的与未涂色位置不是整齐排放，但个数一样多，也就是平均分。经过这样的变式教学，能让学生准确理解平均分，排除形式干扰，突出平均分的本质。

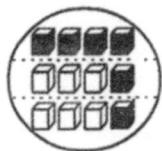
（a）

（b）

（五）. 重构概念体系：实现数学概念和原理的生成与拓展

学生的认知结构是数学知识结构经过个人内化的产物，是科学的数学知识结构与学生心理结构协调作用的结果。学生头脑中的认知结构是一个不断分化逐步精确的过程，教师不仅要了解知识本身的体系，还要帮助学生在头脑中形成知识网络，有利于学生对新概念的深化、理解巩固与深化。

心理学家布鲁纳认为，获得的知识如果是没有形成结构，那多半是会被遗忘的知识。数学比其他学科具有更高的逻辑性和系统性，教师可引导学生利用概念图、比较表、韦恩图等方式，在理解相似概念异同、上下位概念联系及区别中"重建""整合"概念体系。

例如，《直线、线段、射线》的教学中涉及概念多，学生可能出现混淆数学概念的现象。于是教师出示以下表格，通过一个有序的框架，让学生对图形进行比较、归纳提炼，从直观数学模型向抽象数学模型转化，感悟不同图形的特点，认识图形的本质特征，加深对数学概念的理解。

图形名称	图形	用字母表示	端点数量	延伸情况	能否测量
直线					
射线					
线段					

　　学生对新概念的学习应该是一种主动的学习过程，是将原有经验和新信息进行分析、选择和重建知识的过程，也是引导重新发明、逐步数学化的过程。教师要把握教学起点，创建问题情境，丰富探究经验，强化应用意识，修建迷思概念，直到学生形成正确的科学概念和体系，促进学生学科关键能力的培养。

第二节　"技能习得"教学过程的再设计

　　建构主义学习理论指出，技能被理解为个人在社会实践中参与各个领域的工具。在强调学生参与学习的教学实践中，教师组织课堂讨论不仅能培养学生学会所讨论的内容，而且能培养他们学会参与到讨论实践中去。这也就是说，学生在课堂讨论中不仅要掌握学习任务所涉及的知识和技能，而且要发展合作提问能力和运用学科概念与方法解决不同问题的能力。
　　因此，在小学数学"技能习得"教学过程再设计中，技能掌握不再仅仅是为了应付考试的需要，还要满足在现实情境中有效解决数学问题的需要。

一、案例与评析

（一）侧重"筛选教学方法"再设计的典型单元课例

课例：人教版义务教育教科书（2013 版）三年级下册第四单元第一课时《两位数乘两位数（不进位）》

【单元课例分析】

1. 本单元内容在学生发展中的地位

本课时是第四单元"笔算乘法"内容的第一课时，是学生学习了"一位数乘两位数、几百几十数"以及"两位数乘整十数、整百数"口算方法的基础上进行教学的。在此之前，学生在三年级上册已经掌握了"多位数乘一位数"的笔算方法，因此本课时让学生进一步掌握"两位数乘两位数笔算"的算理算法以及书写格式，为后面学习"进位的两位数乘两位数的笔算"做铺垫，为四年级"三位数乘两位数"和"除数是两位数的除法"的学习作准备，也为学生解决生活中遇到的更多位数的乘法问题奠定基础。本课时是本单元的教学重点，也是全册教材的一个重点，在小学阶段"数与代数"的学习中有着举足轻重的作用。

2. 学情分析

根据小学三年级孩子的年龄特征和心理特点，我们发现他们的形象思维仍然占据着主要的地位，因此学习素材的选取和呈现以及学习活动的安排要注重数学在学生的学习和生活中的应用，以及尊重知识的逻辑基础和学生的现实基础，让学生们在合作交流过程中体验解决问题策略的多样化，共同解决笔算过程中遇到的新问题，探讨计算的方法。

学生掌握两位数乘两位数笔算方法有两个关键点：一是理解算理。重点是理解用第二个乘数十位上的数乘第一个乘数得到多少个

"十"，乘得的数的末位要和乘数的十位对齐；二是掌握乘的计算过程。

【教学"再设计"意图】

本课最关键的地方在于，如何让学生理解为什么要用第二个乘数十位上的数去乘第一个乘数的每一位，而乘得的数的末位为什么要和乘数的十位对齐。这里的"为什么"就是我们所说的算理，"怎样乘"就是算法。很明显，只有我们明白算理，才能有效地掌握算法。而算理如果能结合具体情境，把抽象的符号用具体的图形物件来表示时就更容易让学生接受。

本设计中创设了学生有生活体验的买书情境，把两位数乘两位数的算式，转换成了学生能感知的实物书本，然后再把这些书本形象化成点子图，从而得以提供给孩子们画图操作、探究计算的方法。但在探究的过程中，为了不盲目地做无用功，老师需要唤醒学生原有的认知基础，渗透转化的思想，引导学生用已经掌握的口算旧知识解决新问题。所以探究活动之前，教师对旧知识进行了复习铺垫。为了化解难点，尤其是在复习两位数乘一位数的时候，教师应突出用两位数拆分的方法，这对后续的探究活动能起到重要的提示作用。学生沿用"先分后合"这一思路作为"拐杖"，进入自主探究时就会有目标方向，想出多种口算方法。这时教师适时抛出问题：哪种方法方便用竖式来表示？学生就会以两位数乘一位数的笔算经验自然选出最优方案。而优选出来的口算过程其实就是笔算的算理。接下来以算理带出算法，打通笔算理和算法的联系，明确书写格式和乘的顺序。笔算过程完整呈现后，教师利用知识迁移对比一位数乘两位数和两位数乘两位数的笔算过程，分析异同，归纳算法，建立规则模型。最后通过练习强化巩固，但并不是从数量上机械重复熟练计算的技能，而是通过结合实际例子强调算理算法加深认识。

【教学目标】

（1）借助点子图探究两位数乘两位数的计算方法，理解算理，渗透转化思想。

（2）结合算理掌握两位数乘两位数的笔算方法和书写格式，能正确进行计算，体会数形结合思想。

（3）在自主探索计算方法和解决实际问题的过程中体会新旧知识之间的联系，能主动总结归纳笔算的方法，培养类比分析概括能力，发展应用意识。

【教学重点】

理解两位数乘两位数（不进位）笔算算理，掌握笔算方法。

【教学难点】

理解两位数乘两位数（不进位）笔算算理。

【教学过程】

一、复习铺垫，回忆旧知

【设计意图：通过对两位数乘一位数计算算理和方法的回顾，抓住知识的内在联系，为知识的迁移做好铺垫，同时也检测了学生"知识链接"学习的情况。】

1. 口算

$24 \times 2 =$　　　　$15 \times 3 =$　　　　$81 \times 6 =$

$20 \times 20 =$　　　　$24 \times 10 =$　　　　$12 \times 30 =$

2. 笔算

百	十	个
	2	4
×		2

百	十	个
	8	1
×		6

二、创设情境，理解规则

1. 情境引入

【设计意图：通过创设学生熟悉的买书活动的情境导入，学生自主观察提出数学问题，明确本节课要学习的内容。】

教师出示教材第46页主题图。提问：从图中能知道什么数学信息？怎样列式？为什么用乘法？今天的算式和我们过去的有什么不同？（板书课题）

2. 渗透转化

【设计意图：利用旧知迁移，让学生把想法用点子图表示出来，使学生在探索交流中体会这些方法的共同点和解决问题策略，渗透转化思想，培养运算能力。】

超过整十的两位数乘两位数还没学，能不能把它转化成学过的知识来求？四人小组讨论，学生画图操作，寻找方法。

3. 理法互通

【设计意图：有点子图和相对应的算式作为基础，教师放手让学生在方格纸上把竖式补充完整，并在不同竖式写法的比较中引出每一步笔算的具体含义，帮助学生理解算理，明确算法。】

板书：

```
            千 百 十 个
                  1 4
              ×   1 2
            ─────────────
                  2 8
              1 4
            ─────────────
              1 6 8
```

2 套：$14 \times 2 = 28$ （元） →
10 套：$14 \times 10 = 140$ （元） →
12 套：$28 + 140 = 168$ （元） →

看书质疑。课件再一次演示笔算过程，学生同桌互相说笔算过程。

4. 提炼算法

三、练习巩固，强化规则

【设计意图：通过练习进一步巩固竖式的算理和算法，强化笔算过程和书写格式，发展应用意识。】

1. 填空（完成竖式）
2. 列竖式计算

书第 47 页第 2 题。

【课例评析】

"笔算两位数乘两位数（不进位）"一课教学设计遵循了学生的认知规律和构建知识的规律。教师注重用生活情境与数学运算联系，从具体到抽象，帮助学生理解算理掌握算法熟练技能，渗透转化和数形结合的思想提高学生的运算能力，符合横向数学化的特征——把生活世界引向符号世界。同时教师还注意找准学生新知生长点，利用旧知迁移不断建构和扩充完整的运算体系，满足纵向数学化的特点，进行数学知识内部的迁移与调整。具体体现在以下三点：

1. 在数形结合中理解原理

算理是计算的理论依据。教师要重视让学生理解算理，特别是让学生在直观形象中理解算理，让学生不仅知道计算方法，更要知道驾驭方法的原理。本课例，首先创设"买书"的情境，回顾乘法运算的意义，把抽象的算式符号"14×12"，形象化为点子图上。接着提问：如何用学过的口算知识计算超过整十数的两位数乘法？比如对照点子图把 12 套分一分，是不是就能口算了？学生先在点子图把 12 套分成若干部分，再把分的过程用算式表示出来，很形象地把每一步算式的意义和点子图建立起一一对应的关系，数形结合。这样的教学符合学生的思维发展规律：直观动作思维—具体形象思维—抽象逻辑思维。

2. 在算理算法间架设桥梁

算理为算法提供了理论指导，算法使算理具体化，两者同等重要。本课例，通过竖式的对比出现，学生结合情境算理明白竖式中每一步的意义，然后再通过观察、比较初始竖式和简化竖式，让学生主动思考"0"为什么可以省略不写，进而产生简化的需要，自然引出简化模式。在形成初始竖式后，教师没有过早抽象出一般算法，在直观算理和抽象算法之间架设桥梁，让学生在充分体验中逐步完成"直观动作思维—具体形象思维—抽象逻辑思维"的发展过程，顺利疏通算理和算法的关系。

3. 在迁移对比后提炼算法

本课例，精确抓准学生新知生长点和旧知基础，当竖式完整呈现后，通过将以前学习的"一位数乘两位数笔算"和现在新学的"两位数乘两位数笔算"方法进行比较。把相同点作为旧知迁移，把不同点归纳成新算法，异同点相结合总结提炼出算法，培养学生类比分析概括的能力。学生充分体验由直观算理到抽象算法的过渡和演变过程，进一步达到对算理的深层理解和对算法的切实把握。

（二）侧重"指导学生学习"再设计的典型单元课例

课例：人教版义务教育教科书（2013 版）五年级上册第二单元第六课时《小数乘、除法计算》

【单元课例分析】

1. 本单元内容在学生发展中的地位

小数乘除法运算在生活和学习中有广泛的应用。本节课是学生在四年级学习了了积的变化规律和商不变规律，并以此为依据学习了小数乘法和小数除法的算理和算法之后的一节练习课。通过学习本课，学生不仅能回顾算理，对比算法的异同，还能明晰其所蕴含的"化归"的数学思想。因而，本节内容不仅是计算知识与技能的进一步熟练，还是对过程与方法的明晰。

学生在四年级沟通积的变化规律和商不变规律时，实现的是从数学到数学的纵向数学化过程，在五年级学习小数乘法和小数除法时，实现的是从生活到数学、再从数学到生活的横向数学化过程。学习本课时，学生通过对算理与算法的表达以及对练习的思考，可以及时沟通小数乘、除法间的内在联系，实现从数学到数学的纵向数学化过程。因而，本节内容能帮助学生明确知识间的内在联系，形成建立知识网络的方法。

　　学生容易被动地进行模仿或机械重复的计算训练，导致畏难情绪和厌学情绪的产生。学习本课时，通过说理练习、对比练习，让学生容易感悟到所学知识是相互联系的，可以激发学习兴趣，提高学习质量。

　　2. 学情分析

　　学生初学小数乘除法，计算的出错率比较高，尤其是小数除法计算，容易产生畏难情绪，对计算自信心不足，心理紧张容易出错，影响计算的准确率。

　　四年级学生学习了积的变化规律和商不变规律。五年级学生学习小数乘法时，是借助积的变化规律进行计算的，而学习小数除法时，则是借助商不变规律进行计算的。小数乘、除法的算理和算法是分别依据这两条规律总结出来的，学生对其理解容易孤立化和线性化。

　　因此，有必要及时沟通小数乘法和小数除法的内在联系，形成知识点之间的"回路"，为纵向数学化提供总结的素材。教师引导学生明确小数乘、除法在转化目标上是相同的，在具体算法上是不同的，这能帮助学生更好地构建起知识网络。

> 课例导读：技能习得的思维类基本活动经验侧重于提升策略性、方法性经验的积累和提升。越秀区东风西路小学何伟雄老师在《小数乘除法练习课》中注重实现算理和算法融合。

【教学"再设计"意图】

　　本节课《小数乘、除法练习课》的学习内容，学生已经能够正确地计算小数乘法和小数除法，并能够就计算过程中的算理和算法作出表述。本课要进一步明确小数乘、除法在算理和算法上的异同，明晰前后学习内容之间的内在联系，实现从数学到数学的纵向数学化，提高小数乘除法计算的准确性。

　　在本节课《小数乘、除法练习课》的实施过程中，教师引导学生经历计算→表述→对比→总结的学习活动，在动态的生成中，逐步回顾小数乘、除法的算理，表述小数乘、除法的算法，对比、沟通并概括出两者在算理和算法上的异同。接着，借助练习的设计与实施，进一步强化理解小数乘、除法的算理，掌握小数乘、除法的算法，并鼓励在对比沟通后的数学式表述，促进学生的思维内化，实现从数学到数学的纵向数学化。

　　另外，本节课属于计算练习课的教学，涉及的知识点虽然较为集中，但是其中需要注意的细节琐碎而繁杂，教师对知识点以及其中的细节进行重新地编排，提供给学生进行归纳总结的素材。在引导学生沟通起四年级所学的积的变化规律与商不变规律的内在联系，以及五年级所学的小数乘、除法之间内在联系的基础上，再通过练习进一步加深对确定积、商小数点位置的理解，加强对小数乘、除法计算方法的掌握，以及强化对小数乘、除法计算时的特殊情况的辨别。在理解过程与方法，掌握知识与技能的基础上，不断引导学生感悟"化归"的数学思想与方法，为后续数学学习中的从生活到数学，从数学到生活的横向数学化，以及从数学到数学的纵向数学化打下坚实的基础。

【课例评析】

　　本节课是在学生学习了小数乘除法之后安排的一节练习课。通过有目的的练习指导，注重沟通小数乘除法在算理和算法上的内在联系，引导学生建构良好的知识结构。同时，透过练习进一步理解算理和掌握算法，实现从数学到数学的纵向数学化过程。

　　1. 倾注于沟通小数乘法和小数除法间的内在联系

　　五年级学生分别在两个不同的单元中，学习了小数乘法和小数除法，容易出现单个知识点容易突破，多个知识点容易混淆的问题。本课例引导学生及时对小数乘法和小数除法的算理和算法进行对比，明晰它们之间的联系与区别，有助于学生更完善地建构良好的知识结构，为学生进行从数学到数学的纵向数学化过程提供素材积累和经验总结的实践机会。

2. 倾重于数学思想与方法的渗透与展现

在计算小数乘、除法时，都需要将小数转化为整数。这是"化归"的数学思想与方法的体现。在教学中，教师安排这样一节重组式的计算练习课，及时沟通它们之间的异同，并着重说明两者都是转化成整数乘除法来计算的，有助于数学思想与方法的渗透与展现。

3. 倾力于练习的设计与实施

本课练习设计具有一定的层次性。在完成每一项练习后，及时进行归纳小结，使得练习的意图更加明确，而不是单纯地为了练习而练习。多层次、多方位、多形式的练习以及有目的的概括提炼，促进学生对计算的自我反思，提高学生的学习兴趣和元认知能力。

二、教学再设计中应着重考虑的环节

个体运用已有的知识经验，通过练习而形成的一定的动作方式或智力活动方式称为技能，它是一种接近自动化的、复杂而较为完善的动作系统。数学技能是顺利完成某项数学任务的动作或心智活动方式，这种协调的动作和自动化的活动方式是在已有的数学经验基础上经过反复练习而形成的。数学技能在小学数学学习中的作用可概括为以下几个方面：第一，数学技能的形成有助于数学知识的理解和掌握；第二，数学技能的形成可以进一步巩固数学知识；第三，数学技能的形成有助于数学问题的解决；第四，数学技能的形成可以促进数学能力的发展；第五，数学技能的形成有助于激发学生的学习兴趣，调动学生学习的积极性。

数学课程的三维目标："知识与技能""过程与方法""情感态度价值观"，包括对陈述性知识、程序性知识和策略性知识的要求。其中，"知识与技能"目标指数学核心知识和必备技能的理解和掌握，"过程与方法"的学习目标要求了解所学知识的形成过程，并运用掌握的规则、方法解决实际问题。由此可知，数学技能与数学知识、数学能力存在区别，主要表现为：技能是对动作和动作方式的概括，它反映的是动作本身和活动方式的熟练程度；知识是对经验的概括，它反映的是人们对事物和事物之间相互联系的规律性的认识；能力是对保证活动顺利完成的某种稳定的心理特征的概括，它所体现的是学习者在学习活动中反映出来的个性特征。

综上，因教学设计的目的是落实学生的知识储备和培养学生的各项技能，故"技能习得"教学过程的再设计，可依据学生原有的知识经验，遵循"认知—联系—自动化"的逻辑思路，充分发挥数学教师的教学语言运用技能技巧和教学技能，重点从知识的理解水平、练习的概括水平、认知策略的迁移水平等方面加以指导，促进学生对数学技能的掌握与内化。

（一）调动经验，意义建构理解

美国教育心理学家加涅把程序性知识分成辨别、具体概念、定义性概念、规则和高级规则五个水平层次，并提出每个层次的学习都是以前一层学习为基础的，他们高级规则学习以简单规则学习为基础，简单规则学习以定义性概念学习为基础。加涅的智慧技能层次论，说明了学生学习程序性知识是以原有知识水平为基础的，他们将陈述性知识转化为程序性知识做出问题解决的行为，或是在原有的知识水平基础上学习和发展新知。因此，教学要调动学生经验，利用陈述性知识的形式来表征技能的条件和行动，进行意义建构理解，并以命题网络化的形式保持下来。

例如，四年级"画三角形的高"属程序性知识。有的学生能用语言、动作，以陈述性知识的形式表述画高的方法，但是碰到变式题时，却无法正确画高。由于学生受生活经验的影响，容易认为"直上直下"就是三角形的高，三角形的高都在三角形里面。实际上，高的作图是概念外显或者概念的应用过程。因而，可以尝试改变传统的画高的教学方法，先感知各类三角形的高，找出共性特点，理解高的概念，然后独立尝试画高，深化高的概念理解。学生在画高的过程中，调动个人的认知经验，述说作高的过程，明晰"顶点"与"对边"的关系，促进高的概念的内化。这说明要调动学生的认知经验，丰富学生的图像表征，理解概念，从而联通新旧知识，直观建构知识的意义，感悟作图的方法。

（二）借助表征，算理算法融合

安德森在《学习、教学和评估的分类学》中提到，知识理解分别为"程序理解、直观理解、抽象理解、形式理解"四个层次，当学生能将信息从一种表征转化为另一种表征形式时，理解就产生了。程序性知识的表征方式主要包括现实情境、书面符号、口头语言、叙事语言、图式语言等方式，借助理解的表征转化策略，可以积累对程序性知识的理解经验，从而达到提高能力的目标。

数学程序性知识教学的重点是运算教学。王永春认为，小学数学核心素养体系下的数学运算是在理解算理和运算对象的基础上，依据运算法则和运算律进行正确计算并解决问题的素养。[①] 这说明算理理解是学生计算能力提升的核心要求。算理是运算的原理，主要解决"为什么这样计算"的问题。注重算理的教学是过程性的教学，可以帮助学生在新的情境中探究运算的思路，实现数学化的分析和应用。学生在多元表征之间的转化，是算理和算法的贯通式理解，是学生的学习和认知经验的对接，有利于运算能力的培养。

教学中，可以按照"生活表征—数学表征""活动表征—思考表征"的方式，促进学生多元表征的运用和转化，积累行为操作活动经验和思维操作活动经验。现实情境具有经验性，书面符号具有概括性，从现实情境中抽象书面符号，可以帮助学生体验法则、算理存在的合理性，实现程序理解目标。从书面符号表征到动作表征，可以体现学生对直观理解的个性化内在释义，实现直观理解目标。从动作表征到语言表征，借助直观操作，用规范的语言表达思维过程，是抽象思维的外显表现，可以促进学生从个性理解到共性理解，实现抽象理解目标。从叙述语言转化为图式语言表征，用规范语言提炼法则，实现由知识结构到认知结构的变迁，达到形式理

---

① 王永春. 小学数学核心素养体系下的运算能力［J］. 小学教学研究（教学版），2017（3）.

解的目标。多元表征转化策略，可以放大理解的积累时空，拓宽多元表征的转化渠道，促进算理理解，提高运算能力。

例如，"9 加几"的教学。首先"看一看"：怎样移动能一眼看到共有多少个桃子？这样的感知，给学生提供了操作模型。接着"摆一摆"：每位学生用学具操作，经历"9＋4"的移动过程。学生通过亲自动手操作，获得动作经验。其次"说一说"：学生边操作，边用自己的语言表述，经历语言表征和动作表征结合的过程。再次，学生填写操作流程图，实现语言表征和图式表征的结合。最后"想一想"：计算"9 加几"，为什么要把另一加数拆分？学生通过"动手表征—语言表征—图式表征—数学符号（抽象概括）"的过程，丰富多种方式表征的使用，强调不同表征的相互转化，实现深层理解，促进算理与算法的融合。

（三）训练反思，数学化思维培养

程序性知识的学习是通过概念理解和规则在新情境中的运用实现。程序性知识学习从联系阶段到自动化阶段的过程中，主要通过适当的练习和及时的反馈使学习者熟练、灵活地运用所学的规则解决问题，从而达到自动化程度，形成运算的智慧技能。

学生的理解水平是有层次的，精心设计的训练和指导能促进学生更好地理解。教学中，教师不仅要关注训练量和训练的针对性、层次性，更要关注练习的情境性和练习的目的性。关注练习的情境性，能让学生在不熟悉又贴近实际的问题情境中，进行知识的迁移和创新，促进知识的数学化应用；关注练习的目的性，能让练习更有的放矢，指导到位。例如，用运算定律简算的练习，教师不仅将目标定位在能运用运算定理进行简算，更注重于在能根据具体情况选择算法的意识培养上，教会学生判断定律"能不能用"以及"该不该用"。这样教师的教学设计就围绕目标，通过逐层练习，逐步反思，整理相关运算定律、把握运用原则、感悟凑整的重要性、实际应用。这样的设计，将简便运算分解成若干小产生式构成的知识，然后再将小产生式步骤串联，形成程序化，把陈述性知识形态的程序性知识转化为解决问题的产生式知识系统，从而做出解决问题的行为。如图：

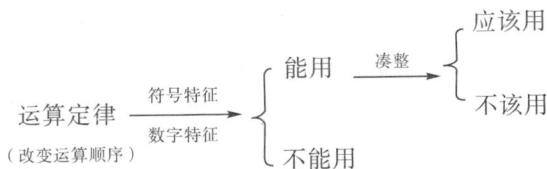

运算定律（改变运算顺序）——符号特征／数字特征——能用（凑整——应该用／不该用）／不能用

选择算法的意识培养

此外，教学中教师往往比较注重及时的反馈，而较少关注学生在规则学习中的反思训练。教师要关注学生对程序性知识学习活动的思维监控和自我检查，诊断和判断学习目标的达成度。这个阶段，通过问题串的方式引导反思：如何解决这个问题？问题解决的关键步骤是什么？解决问题的方法有什么异同？学生通过回顾问题解决过程，概括程序性知识，建构"核心概念"，促进运算思维品质的培养，尤其是思维深刻性和独创性的培养。

总之，技能习得的学习是学生"程序理解、直观理解、抽象理解、形式理解"四个层次的发展过程，是利用产生式知识系统解决问题的过程。教师要增强技能习得教学的意识，不仅解决"怎么做"的问题，还要会做、能做、了解为什么这要做。教师不仅关注学习的结果，还要指导学生开展渐进式学习，形成"有序化"数学现实结构。教学中，要通过调动经验，实现知识的意义建构；借助多元表征转化，促进算理算法的融合；通过训练和反思，提高数学化思维能力。

第三节　"问题解决"教学过程的再设计

建构主义指出，学习是指学习者在面临问题情境时，将自己原有的知识经验和在面临问题情景时所掌握的新知识经验相互之间产生交互作用过程中所形成的。这与传统的教师简单地把知识单向地传授给学生有很大区别，它认为学生在面临新知识的时候，脑袋并不是空白的，而是在自己已有知识经验的基础上，对外在的信息重新进行主动的理解识别、分析和处理，学生的知识经验会重新建构。

问题解决者在实践活动中存在着各种不确定和疑惑（即问题），为了解决问题，开始观察、产生联想、提出假设、反复推敲、检验对错，以便找到解决问题之道。这一切的顺利开展则需要问题解决者依据日常生活的积累，找到方法之后，回到实践中检验，若可行，则形成概念，上升至理论指导层面，或形成真理；若不可行，则回至观察阶段，重新联想，再次推论，以便真正找到最正确的解决问题之道。思维的意义与价值便是在"提出问题—分析问题—解决问题"循环往复中得以体现。

因此，在小学数学"问题解决"教学过程再设计中，不仅要重视解题策略的训练与指导，更加需要注重让学生经历问题解决的过程。解决问题的关键就是要寻求填补问题的条件和目标之间差距的方法。它不是简单的利用已有信息（问题的条件、已有经验等），而是要对这些信息进行加工。加工的基本思想是"变更问题"，使"已知"与"所求"越来越接近，而变更问题的主要方法是变更问题的条件和目标。

一、案例与评析

侧重"选择教学内容"再设计的典型单元课例

课例：人教版义务教育教科书（2013 版）一年级下册第二单元第八课时《含有多余条件的解决问题》

【单元课例分析】
1. 本单元内容在学生发展中的地位

本知识是在学生学习了图画问题和 20 以内的退位减法的基础

上，进一步研究的以文字为主的解决问题，它既是对前面学过的图画问题的提升，又为后面继续学习两步计算实际问题，甚至多步计算实际问题打基础。通过教学，继续让学生经历解决问题的过程，探索解决问题的方法，积累解决问题的经验，既有利于学生进一步领会减法的含义，又可以为发现和解决稍复杂的问题打下基础，逐步提高学生发现信息、提出问题、解决问题的能力。

教材呈现的是踢足球的情境问题，和以往解决问题不同的是这道例题中在三个已知信息中出现了一个多余信息。一方面是让学生继续感知解决问题的基本结构，探索解决问题的方法，积累解决问题的经验，利于学生进一步领会减法的含义，为发现和解决稍复杂的问题打下基础。另一方面是要培养学生发现问题、提出问题、解决问题的能力。

2. 学情分析

一年级学生抽象逻辑思维还很薄弱，很大程度上仍具有具体形象性。知识方面已经学习了以图为主的解决问题，能够从图中发现信息、提出问题，对部分、整体的数量关系也掌握得较为清楚。而新知是要求学生在观察图的基础上，从图和文字中提取相关信息，而题目信息的多样化，为学生提取信息设置了一些障碍。学生认识题中的每一个字，但不具备把文字转化为图形或符号进行理论分析的能力，对简单实际问题的结构还不是很明确，因而对于选取有用的条件或信息来解决问题存在困难。因此，依靠创设适宜的图形帮助结合审题，对提高学生的分析能力十分重要。而且学生有意注意较弱，所以要通过创设各种情境，来调动学生学习兴趣，帮助学生集中注意力。

课例导读："问题解决"的数学化关注数学问题的情境表征和方案设计策略选择。让我们看看越秀区东风西路小学陈娓娟老师在《含有多余条件的解决问题》中是如何指导学生辨析问题，发展表征能力的。

【教学"再设计"意图】

教材对于解决问题的教学呈现了一种很好的思考程式：教材以"知道了什么？""怎样解答？""解答正确吗？"三个标题揭示了解决问题的一般过程。针对本课例题中在三个已知信息中出现了一个多余信息，这个多余信息很容易干扰学生解题。因此让学生经历解决问题的全过程，在具体问题情境中甄别有用信息，选择相关联的条件理解分析数量关系，解决简单的实际问题，是本课教学的重点和难点。

教学中结合生活情境，首先引导学生对多余条件进行表象感知。其次根据例题信息，分层引导学生理解题意，根据问题收集有效信息。考虑到一年级学生的年龄特征，重点运用画图或操作策略来帮助他们完成筛选信息，紧紧抓住"解决问题"的策略本质——问题与条件的关联性，在用画图、操作或符号表示问题情境的过程中认识到，有些条件与问题是无关的，从而学会排除多余条件，初步感知数量关系，选择有效的信息解决问题，以此训练学生的数学思辨、推理能力。最后，对多余条件的解决问题不能仅停留在认知的表面，而是要更进一步挖掘"多余条件"的内涵。多余条件并不是唯一的、绝对的，随着所求问题的变换，题中的有用信息和多余信息也会随之转换。因此，通过对课后习题的拓展改编，设计层次分明的练习，使学生体会到多余条件的相对性，避免思维定式，加深认识，提高学生的思维能力。

【教学目标】

（1）熟悉解决数学问题的基本步骤，能用减法解决含有多余条件的求"另一个加数是多少"的数学问题。

（2）经历读一读、圈一圈、画一画、算一算等活动，逐步熟悉用画图方法解题的策略，感受画图在解决问题过程中的作用。

（3）通过数学学习，培养学生分析和解决问题的能力，学会与他人合作交流，感受数学与生活的密切联系。

【教学重点】

解决有多余条件的"求另一个加数是多少"的实际问题。

【教学难点】

排除多余条件，根据问题选择相关信息解决问题。

【教学过程】

一、创设情境，初步感知

【设计意图：通过创设学生熟悉的生活情境和借助直观图形引出"多余"，揭示课题，为新知的教学铺平道路。】

1. 课前口算开火车（复习 20 以内退位减法）

2. 创设情境，解答问题：

（1）小明想去超市买水果，看到有香蕉、橙子、青瓜，小明该如何选择？

（2）出示：△△△△△○○△△△，一共有多少个△？

3. 引入新课，揭示课题。

二、分析理解，探究新知

1. 理解图意，找出条件和问题

出示例 5 主题图，提问：图中讲了一件怎样的事情？你发现了什么数学信息？问题是什么？我们根据这些数学信息（条件），怎样解决这个问题呢？

2. 尝试列式，引发矛盾

【设计意图：让学生独立思考尝试列式，引起思维冲突，使学生感受到联系问题对已知条件进行整理和筛选的重要性。】

（1）提问：怎样解决"还有几人没来"这个问题？

（2）对比辨析两个算式的异同：$16-9=7$　$16-9-4=3$

提问："我们队踢进了 4 个"这条信息，一个算式没用到这个条件，一个算式有用到，到底哪个算式是正确的呢？

3. 分析题意，筛选信息

【设计意图：利用多种方式，通过引导学生想一想、摆一摆、读一读，使信息的收集和整理更具条理性，更有助于解决问题过程中对数量关系的分析。】

（1）看一看，想一想。题目呈现的信息中，哪两个信息有联系？要求"还有几人没来"需要哪两个条件？

（2）摆一摆，说一说。利用条件与问题制成活动的纸条，进行摆放重组，不用的条件放一边，为什么这个条件没用上？并说一说算式表示的意思。

（3）圈一圈，读一读。把多余条件圈起来，将有用的条件和问题完整的读一读。

4. 运用策略 解决问题

（1）画图策略，深化理解。（板书课题）

（2）列式计算，建构意义。

（3）回顾反思，强化步骤。

【设计意图：引导学生进行回顾与反思解决问题的过程，有意识地培养学生如何更准确地解决问题，不断积累解决问题的策略。】

三、巩固练习，拓展提升

1. 火眼金睛（找多余条件）

2. 举一反三（体会多余条件的相对性）

【设计意图：通过对课后习题的改编，使学生体会到了多余条件的相对性，加深认识，将学生思维引向深处。】

3. 没有多余条件的分析

【设计意图：虽然本课学习的是多余条件，但不是所有的解决问题中都有多余条件的出现。经过练习认知冲突后，使学生意识到：解决问题时都要注意问题与条件的关联性，进一步提升学生的思维层次。】

小明一共要写 16 个字，上午写了 6 个，下午写了 4 个，还剩几个字没写？

四、课堂总结

通过今天的学习，解决有多余条件的问题，我们应该注意些什么？你有什么收获？

【课例评析】

一年级学生的具体形象性思维和数学的抽象性特征，共同决定了数学学习基本是一种符号化语言与生活实际相结合的学习。本课采取情境化教学方式，着重抓住解决问题教学中的思考程式，突出学生的思维训练，关注解决问题策略的形成，渗透数学思想，使学生经历从具体到抽象的数学化过程，促使学生的数学思维不断提升。在教学设计上主要体现以下几点：

1. 把握学生认知起点，创设具体生活情境，抽象数学问题

对于一年级的学生来说，形象思维占主导地位。因此，教师在导入新课时，借助学生熟悉的买水果情境和直观图形问题，在"初步感知什么是多余条件"上做足了文章。接着在理解踢足球的现实情境中抽象数学问题展开新知教学，创设了轻松愉悦的学习氛围，集中了学生的注意力，激发了学生的学习兴趣。从日常生活中去寻找原型经验，激活学生已有的生活经验，为"经验"向新知有效迁移作准备，感受数学与生活的联系。

2. 关注策略形成过程，重视多元表征转化，渗透数学思想

对解决问题策略的关注，不仅意味着对学生解决问题过程的关注，更意味着对学生在解决问题的过程中思维参与的关注。本课教师有效引导学生经历解决问题策略形成的过程，重视多元表征的转化。首先，让学生先独立思考后合作交流，尝试以看、摆、想、说、算多种方式选择解决问题的有效信息，着重引导学生用画图帮助厘清数量关系，实现从现实情境表征到图形表征的转化。然后，借助图形进行分析，选择合适的方法加以解决，并用恰当的方式表达出解决的过程，实现图形表征到符号表征的转化。最后，让学生再次结合图，说明解答过程中各部分表示的意义，实现符号表征到语言表征的转化。从数学问题到数学表征，从比较辨析到揭示概念，从形成策略到问题解决，学生的学习经历了从具体到抽象的"数学化"过程。

3. 创造性地使用教材，设计灵活多样练习，提升思维能力

不少教师教学本课时，仅满足于学生感知多余条件，解题时会找多余条件，会根据题意列出正确算式。而本课例教师注重解读教材背后的数学本质，在教学中强化知识的整体意识，凸显例题的一例带类作用。对多余条件的解决问题不停留在认知的表面，而是更进一步挖掘"多余条件"的内涵。通过由浅入深、层次分明、灵活

多样的练习，深化学生对多余条件的理解，从会找题中的多余条件到引领学生体会多余条件的相对性，最后避免思维定式，设计一道没有多余条件的习题，经过认知冲突后，学生意识到：解决问题时都要注意问题与条件的关联性。这样的练习设计，拓展了学生的认识，完成问题与条件的关联性模式的建构，训练了学生的数学思辨能力和推理能力，提升了学生的思维层次。

二、教学再设计中应着重考虑的环节

数学问题是指人们在数学活动中所面临的、用已有的知识和经验无法直接解决而又没有现成对策的新问题、新情境。数学问题的特征是抽象化、形式化。一道数学题能否构成一个数学问题，与接触它的人有关。对低年级学生是一个数学问题，对高年级学生可能就不是一个数学问题。至于数学问题解决则是运用已有的数学知识去探索新问题答案的心理过程或思考活动。小学数学学习中的问题解决具有以下基本特征：①数学问题解决指的是学生初次遇到的新问题，如果是解以前解过的题或同类型的题，对学习者来说就不是问题解决，而是做练习；②数学问题解决是一种积极探索和克服障碍的活动过程，它所采用的途径和方法是新的，至少其中某些部分是新的，这些方法和途径是已有知识和方法的重新组合，它也是一个发现和创新的过程；③数学问题一旦得到解决，学生通过问题解决过程所获得的解决问题的方法就成为他们认知结构的一个组成部分，这种方法不仅可以直接用来完成同类学习任务，还可以作为进一步解决新问题的已有策略和方法。

《义务教育数学课程标准（2011年版）》在课程总目标中提出，通过义务教育阶段的数学学习，使学生能运用数学的思维方式进行思考，增强发现问题和提出问题的能力、分析和解决问题的能力；养成良好的学习习惯，具有初步的创新意识和科学态度。这说明，学会学习、学会思考、成为善于发现问题和解决问题的人是数学教学的重要任务。而课程改革发展到今天，我们却发现应试教育越演越烈，学生负担越来越重，许多人把大量的时间放在低层次的"题型＋技巧"的训练上。因此，教学中让学生"学会思考"的关键是要重视蕴含于数学知识体系中的策略性知识的教学，用数学的精神、思想和方法熏陶学生，教会学生如何学习和如何思考。

弗赖登塔尔的数学教育思想认为，随着社会的前进发展，人类必须持续学习，教学中更重要的问题是如何掌握和操纵所教的内容，而并非所教和所学的内容本身。也就是说，数学教学的重要目标是学生获得并掌握学的方法，即掌握策略性知识，并有效处理需要认知技巧参与的数学问题。小学阶段的策略性知识主要有基本策略（如综合的策略、分析的策略、分析与综合的策略等）和常用策略（如画图整理信息、列举、转化、假设、选择和运用适当策略等）两大类内容。这些策略性知识都蕴含着数学的思想方法，如推理的思想、数形结合思想、有序思考、分类思想、化归思想、等量代换思想等。在数学问题中，策略性知识指导着数学思想方法的选择和运用，而数学思想方法又体现在数学策略性知识的运用中。因此，教学中不仅要关注策略的技术层面问题，还要让学生提升认知能力，感悟数学思想方法。

综上，"问题解决"教学过程的再设计，可遵循"问题情境—建立模型—求解验证"的逻辑思路，在真实的问题情境中，强化学生的信息感知，通过情境表征实现"问情情境"转化为"数学问题"，通过分析数量关系，比较问题解决的方法，在数学思考、表达和归纳中实现"数学问题"转化为"用数学方法解决"。

（一）强化信息感知，辨析数学问题

美国心理学家加涅认为，问题解决是学习者用独特的方式，综合运用多种规则的学习，是一种高层次的学习活动。学生在面临新的问题情境时，或者在发现与主客观需要存在矛盾时克服障碍，并生成新知识。因而，其学习方式就与概念理解或技能的学习不同，其中了解问题的内涵、明确问题和信息的关系就是问题解决的关键阶段。

《义务教育数学课程标准（2011 年版）》在问题解决的具体目标中提出，初步学会从数学的角度发现问题和提出问题，综合运用数学知识解决简单的实际问题，增强应用意识，提高实践能力。这里的问题就包括数学课程的"问题"和应用数学解决的"问题"，在内容取材上反映现实生活，题目设计上兼具开放性，呈现方式上追求真实情境。因此需要学生在各种情境中，对信息材料进行深度感知和解读。不仅从信息材料出发寻找条件，发现问题和提出问题，还可以从要解答的问题中分析情境材料中的信息。在教学中，往往需要通过围绕"问题的理解与描述"指导学生辨析数学问题，实现"问题情境"向"数学问题"转化。

教师借助读题、审题训练强化学生的信息感知。读题，可以是个别读、齐读，也可以是自由朗读、默读或者是边读边画批。审题，可以利用"问题链"引导学生解读信息，经历审题过程。通过提出问题链："讲了一件什么事情—已知什么信息—问题是什么"，而使学生更全面关注材料信息，思考"条件"和"问题"间的逻辑关系，实现从"事理"到"数理"的转化。第一学段"问题解决"的教学重点放在"信息感知"和"根据信息提出问题"能力的培养上，积累学生信息解读经验，培养"发现问题"和"解决问题"的能力。随着年级的增加，不断提高学生信息感知的要求，例如"用自己的话复述题意""条件的含义是什么""问题还可以怎么表述"等。当条件信息数据较复杂时，要求用数量名称代替，引导学生关注量与量之间的关系。

（二）优化多元表征，建立数学模型

认知心理学认为，情境表征是学生对问题进行深加工的过程。情境表征是解决问题的重要环节，即学生根据数学问题所提供的信息，利用原有的知识经验，表征数量关系，构建解决问题过程。情境表征代表学生数学理解能力、表征能力的发展水平，是问题解决过程的关键环节。

《义务教育数学课程标准（2011 年版）》在问题解决的具体目

标中指出，获得分析问题和解决问题的一些基本方法，体验解决问题方法的多样性，发展创新意识。因此，问题解决教学要让学生完整经历分析数量关系解决问题的过程，经历数学思考、表达、归纳和建模的过程。情境表征是小学阶段常用的表征策略，能直观、有效地反映条件与条件之间、条件与问题之间的数量关系，可以实现"数学问题"向"图式表征""符号表征"的转化。教学中，教师可以在学生充分审题的基础上，引导学生通过动作表征、图式表征、语言表征等方式直观分析问题的数量关系，把数量之间的联系直观地表达出来，在多种表征方式中抽象数学模型、理解数学模型、掌握数学模型。一方面建构"数学问题"到"数学方法"的"桥梁"；另一方面体会不同数学问题所采用的表征方式的不同，体会其各自的价值和作用，从而提高学生分析问题和解决问题的能力，积累成功的解题经验。

例如，"不规则物体体积"的教学。学习基础是学生已经掌握长方体、正方体和圆柱体体积等规则物体的体积公式和推导方法。教师设计了以下环节引导建构模型：①通过观察微课和实验操作的方式分析橡皮泥和鹅卵石体积的求法。明确橡皮泥可通过捏压转化成规则的长方体或正方体求出体积，鹅卵石可通过排水法求出体积。②通过画图的方法要求用长方体容器求芒果的体积，认识到求芒果体积可以转化为求长方体体积来计算。③通过回顾与反思认识捏压法和排水法在解决方法上的相同点。前两个环节由实验操作过渡到独立画图理解，从动作表征过渡到图式表征，学生得到不同的解决方法，体会解决问题策略的多样性，通过对解决问题过程的反思，认识转化方法的使用方法和价值，帮助学生建构不规则图形的体积计算模型，这样的教学，学生经历"数学化"的过程，感悟"转化"策略的内涵和价值，学会运用先前获得的知识解决新的、不熟悉的情境问题。

（三）反思交流方法，提升关键能力

问题解决需要学习者根据具体的情景，选择合理的方法解决问题，属于策略性知识。策略性知识的掌握需要学生的自主建构，具有方法性和选择性的特点。教师的教学任务是基于学生的反省认知，促进学生对策略性知识的掌握。由于学生的思维水平有差异，解决问题的深度和角度有不同，因此，解决问题会有不同的方案，也需要从多个方案中选择优化的方案。教学中，教师要提供时间和空间，通过反思、交流、比较，让学生体会方法的多样化，分析方法的特点和优劣，选择合适的方法解决问题，提高学生发现问题、分析问题和解决问题的能力。

《义务教育阶段小学数学教材（2011 年版）》在"问题解决"的教学中增加"回顾反思"环节——回顾解决问题的过程，你有什么体会？学生通过回顾反思，体验在问题解决过程中做了什么、怎么做的问题，理清程序性知识；通过回顾反思，知道怎么做才对？体验方法使用的要领，内化程序性知识；通过回顾反思，知道方法起什么作用？体验方法的价值；通过灵活运用方法解答其他变化的问题。通过以上的体验活动，学生掌握的方法从"程序性知识"转变成"策略性知识"。

例如，一年级《含多余条件的解决问题》课例的回顾反思环节，教师设计了两个步骤：一是验证结果的正确性，培养学生解答问题之后要有意识地进行检验，认识到用加法可以检验减法问题的正确性；二是回顾解决问题的过程，解决问题主要经历哪些步骤，以及分析数量关系可以采用哪些方式与方法，从而有意识地培养和积累解决问题的策略。这样的教学设计，符合一年级学生抽象逻辑思维薄弱的特点，但是教学中也没有过分迁就学生的思维特点，而是抓住"解决问题"的策略本质——问题与条件的关联性，引导学生选择相关信息解决问题，培养学生分析和解决问题的能力。教师对解决问题策略的关注，意味着对学生思维参与度的关注。只有让学生进行思维的深度参与，才能使策略内化于每一个学生头脑。

此外，教师还可以通过相同或不同情境的变式练习，深化认知图式，类推出问题解决的一般模型。例如，在《植树问题》教学中，在学生学习了画图的策略、列表举例策略和化繁为简策略后，教师设计变式练习。情境从"植树"变成"排队""路灯""敲钟",问题从"栽多少棵树"变成"第一棵到最后一棵有多远",题型也由看图编题答题、图文结合的情景题、应用问题等。这些过程中,有相似情境的练习也有不同情境的练习,但是学生始终自觉运用画图策略、化繁为简策略解决问题,教师组织的反馈交流活动也聚焦在思考过程和策略运用上,通过比较"植树""排队""路灯""敲钟"等问题,发现相同点,明确植树问题的本质特征,构建植树问题的数学模型,促使学生掌握解题方法,真正实现"授人以渔"。

综上,问题解决教学中的问题和情境虽然是千差万别的,但也是可以被发现、被表达、被解决的。教学中,教师要重视信息感知训练和问题表征训练,指导学生辨析数学问题,运用图式、语言、动作等方式表征问题,建构数学模型,从而经历反思对比交流的探究过程,积累数学化活动经验,促进学生发现问题、分析问题、解决问题能力的提高。

第六章　小学数学教学设计发展的新视角

随着信息化的发展，电子产品的普及，对学生计算能力和解题能力的要求将会降低，而对个体在面对问题时候，能否做出有根据的数学判断，能否有效地运用数学知识和数学工具，解释问题、预测问题，并解决问题的能力的要求将会提高，这些都属于数学素养的范畴。为此，如何在数学教育中发展学生的数学素养将成为未来教育的一个主要方向。

第一节　数学素养的发展轨迹

虽然很多人是从 20 世纪末才开始听到数学素养这个词，但实际上，数学素养一词在我国由来已久。早在 1956 年 10 月，《数学通报》刊登的一篇苏联文献的译稿中，就出现了数学素养一词。但在此后的二十多年里，才出现了几十篇包含数学素养的文献，这说明数学素养还未引起人们的重视。

改革开放后，我国提出了素质教育的口号，并逐渐把提高全民族的素质作为教育的一项根本任务。1985 年 5 月，中共中央召开改革开放后第一次全国教育工作会议，会后颁布了引领中国教育发展的纲领性文件《中共中央关于教育体制改革的决定》，明确提出"教育体制改革的根本目的是提高民族素质，多出人才，出好人才"。1988 年，我国颁布并实施了《九年义务教育全日制小学数学教学大纲》，在其中指出："掌握一定的数学基础知识和基本技能，是我国公民应当具备的文化素养之一。"此时大纲所传递的含义中，已将"双基"视为公民的一种素养。而在 1992 年颁发实施的《九年义务教育全日制初级中学数学教学大纲（试用）》里则出现了数学素养，这是我国首次在大纲中出现数学素养一词。在此背景下，有关数学素养的文献在我国逐年增多。

一、国内对数学素养的研究历程

纵观国内对于数学素养内涵的认识，可以分为三个阶段：

（一）第一个阶段（1956—1990 年）——数学素养内涵的单一性

这一阶段的特点是：没有明确提出"数学素养"的名词，只是讨论与数学素养有关的教学问题。在 20 世纪 90 年代以前，学者们对数学素养的认识还比较模糊，对数学素养含义的理解也相对简单，更多的只是将其视为教材数学知识的一个拓展，认为具备较高数学素养的人，数学思维会比较活跃，解题能力会比较强，数学成绩也会比较好。[①]

（二）第二个阶段（1990—2010 年）——数学素养内涵的多元性

20 世纪 90 年代后，数学素养的研究进入一个快速发展的时期。这个时期的数学素养内涵呈现了多元化趋势，主要观点可归纳为数学素养的成分说、后天训练说、实践内化说和生活说四种类型。

1. 数学素养的成分说

该观点能较为清晰地说明数学素养包含了哪些方面的知识和能力，有助于大家对数学素养的了解，对教学中应该从哪些方面培养学生的数学素养也具有指导意义，因此受到较多学者的支持。

在 2000 年以后所发表的文献中，也有不少学者表达了类似的观点。例如：数学素养包括知识技能素养、逻辑思维素养、运用数学

---

① 黄友初. 我国数学素养研究分析［J］. 课程·教材·教法，2015（8）：55-59.

素养和唯物辩证素养这四个基本素养；① 数学素养应该包括数学意识、数学语言、数学技能和数学思维；② 数学素养包括了数学情感态度价值观、数学知识和数学能力。③ 这些观点都属于数学素养的成分说，它们的区别主要在于具体成分的差异，而在本质上都是一致的。

还有学者指出，国家数学课程标准虽然没有给数学素养下定义，但其内涵已经隐含在内容中：反映在义务教育阶段，具体表现为知识技能、数学思考、问题解决、情感态度；反映在高中阶段，具体表现为基础知识与基本技能、数学能力、数学意识以及数学情感态度价值观等。因此，国家数学课程标准中的数学素养内涵，也应属于此类型。

2. 数学素养的后天训练说

该观点主要从素养的含义入手，强调人的先天基础和后天发展，进而阐述数学素养的内涵。后天训练说虽然强调个体在学习中的练，但与解题训练还是有区别的，它需要培养的是综合性的数学能力，需要确立学生在数学学习时候的主体地位。

数学素养的后天训练说从先天生理基础入手，强调数学素养的后天训练性，对于深受行为主义和桑代克的刺激—反应理论影响的我国数学教育来说，这种论述与很多教师的教育理念是一致的，因此也受到较多学者的认可。

3. 数学素养的实践内化说

该观点认为，数学素养是个体通过数学实践，将数学知识内化成的一种品质。展开而言，无论是实践还是内化，数学素养的培养都需要个体经历与数学有关的实践活动，在活动中通过感悟和反

---

① 蔡上鹤. 民族素质和数学素养：学习《中国教育改革和发展纲要》的一点体会 [J]. 课程·教材·教法，1994（2）：15 – 18.

② 朱长江. 谈谈如何提高大学生的数学素养 [J]. 中国大学教学，2011（11）：17 – 19.

③ 桂德怀，徐斌艳. 数学素养内涵之探析 [J]. 数学教育学报，2008，17（5）：22 – 24.

思，将数学知识内化，成为个体内在的一种综合性特征。这种论述相对完整，能较好体现学生获得数学素养的过程，因此得到了许多学者的认可。虽然对于实践和内化，哪个环节对发展个体的数学素养更为重要还存在一些争议，但是，他们都指出了数学素养需要个体经历实践和内化这两个阶段才能获得。

另外值得一提的是，虽然教育部颁发的全国数学课程标准中没有明确提出数学素养的定义，但是在上海市教委颁布的上海数学课程标准中则对此进行了阐述：数学素养是人们通过数学教育以及自身的实践和认识活动，所获得的数学基础知识、基本技能、数学思想和观念，以及由此形成的数学思维品质和解决问题能力的总和。[①] 该论述体现了实践和内化两个环节，因此也属于实践内化说的范畴。

4. 数学素养的生活说

国际交流的深入，很多学者开始在国内期刊上介绍国外的数学素养研究，尤其是 PISA 中的数学素养。欧美数学素养的内涵，大多强调数学对人生活和未来发展的影响，重视现实生活中应用数学的意识和能力，将数学看作生活的一部分，可称其为生活说。这种论述，重视个体的成长，将数学与人的终身学习相结合，与教育的本质特征比较接近，受到很多国内学者的认可。

值得一提的是，欧美学者在分析数学素养内涵的过程中，大多采用量化研究，而且分析框架相对完整，具有较高的信度和效度。因此，数学素养生活说不仅有理，而且有据。[②] 由于论述的合理性，以及研究的科学性，这也让数学素养的生活说，越来越受到国内学者的关注。

（三）第三个阶段（2010 年至今）——数学素养内涵的统一性

经过近二十年百花齐放式的交流与碰撞，我国学者对数学素养

---

① 上海教育委员会. 上海市中小学数学课程标准（试行稿）[Z]. 上海：上海教育出版社，2004.

② 黄友初. 我国数学素养研究分析 [J]. 课程·教材·教法，2015（8）：55 – 59.

的内涵有了相对统一的认识。主要体现在以下两点。

1. 数学素养称谓的统一化

虽然"数学素养"一词在我国出现要比"数学素质"早，但是在当时并未引起大家的共鸣，在后来素质教育提法的影响下，包含数学素质的文献才越来越多，并一度超过了数学素养。随着研究的深入，学者们对素养和素质本身的内涵进行了分析，认为"素质"是在先天遗传的基础上，经过长期的身心积淀形成的、最终的、颇为稳定的个性特点，而"素养"则主要是后天通过短时的培养和练习就能获得的知识、技能、技巧等经验系统。① 所以，从教育学角度分析，数学素养比数学素质更具有后天教养效果的意味，更注重个体在数学活动中的动态生成过程和效果，与内涵更为贴切。

因此，近年来，数学素养的称谓已被人所熟知，而数学素质的说法则鲜有提起。例如，教育部的《义务教育数学课程标准（2011年版）》中有 4 次提到数学素养，没有提到数学素质，《普通高中数学课程标准（实验）》中有 9 处提到数学素养，有 1 处提到数学素质。②

2. 数学素养的生活说逐渐得到认可

相对于国内的数学素养探讨，西方学者对数学素养的阐述和研究较为清楚，不仅研究对象明确，而且具有一定的学理基础。以 PISA 为代表的数学素养生活说，强调个体要在生活中有应用数学的意识，能认识到数学在现实世界中所起的作用，能在具体生活中析取有价值的数学信息，能合理运用数学知识和工具，做出有根据的判断，并能用在交流中合理使用数学语言。这种论述是在个体终身学习的动态模型基础上提出的，除了重视数学的生活性、情境性和过程性以外，还突出个体对数学的认识和态度。这不仅体现了素养本身的内涵和价值，也与教育的本质特征相符合，因此得到越来越多

① 潘小明. 基础教育阶段学生数学素养的四维一体模型［J］. 教育与教学研究，2012，26（10）：91－95，99.

② 黄友初. 我国数学素养研究分析［J］. 课程·教材·教法，2015（8）：55－59.

学者的认同。①

　　这种认同感，不仅体现在有越来越多的学者将生活说作为研究数学素养的基础（例如：有学者用 PISA 的数学素养定义和框架，对上海市初中毕业统一学业考试数学测试进行研究②），还体现在越来越多的文献传递欧美数学素养的研究情况（例如：有学者介绍了 PISA 中的数学素养内涵，以及其在内容、情境和过程这三个维度中所体现的思维和推理、论证、传递交流、建立模型、提出和解决问题、表述、使用语言并进行操作、使用辅助工具八种数学能力；③有学者基于 PISA 的研究框架，对中国和英国八年级学生的数学素养进行测试与比较；④ 有学者介绍了西方数学素养的主要构成要素、评价和教学情况⑤）。由此可见，以 PISA 为代表的数学素养生活说，已逐渐得到了国内学者的认可，学者们对数学素养内涵的认识正逐渐趋于统一。

二、国外对数学素养的代表性认识及其观点

　　国外表示数学素养的词主要有三个 numeracy、quantitative literacy、mathematical literacy，还有 matheracy、mathematical proficiency 等来表达数学素养，在美国比较常用 mathematical literacy 和 quantitative literacy，在 PISA 中用 mathematical literacy，在英国、澳大利亚等国家用 numeracy。

────────────────

　　① 黄友初．我国数学素养研究分析［J］．课程·教材·教法，2015（8）：55－59.
　　② 黄华．从 PISA 数学素养测试对国内数学教学的启示：PISA 数学素养测试与上海市初中毕业统一学业考试数学测试之比较［J］．上海教育科研，2010（5）：8－11.
　　③ 魏爱芳．PISA 数学素养测试及其对我国青少年数学素养评价的启示［J］．考试研究，2011（6）：78－87.
　　④ 綦春霞，王瑞霖．中英学生数学素养的比较及其启示［J］．比较教育研究，2012（11）：75－80.
　　⑤ 刘喆，高凌飚．西方数学教育中数学素养研究述评［J］．中国教育学刊，2012（1）：62－66.

1. 国外表示数学素养的主要用词

最早出现的是 numeracy，它是由 numerate 和 literacy 组合而成。

在教育中，最早使用 numerate 是在 Crowther Report（1959）克劳瑟的报告中，该报告主要关注的是 15~18 年龄组的教育状况，其中 being numerate 意味着对数学和科学有颇熟练的理解，一方面是对科学研究方法的理解（观察、假设、实验、证明），另一方面出现在各种问题中的数学量化思考的需要。后来，英国学者 Cockcroft Report（1982）的报告中明确指出："我们认为'numerate'包含两层含义：第一，是指个人具有处理日常生活中所必需的运用数学技能的能力；第二，有能力理解和正确评价用数学专门术语表征的信息，如曲线图、图表或表格或者增长与减少的百分数图等。二者结合起来，其含义表明一个有数学素养的人应该把一些数学用于交流的途径。"[①]

2. 国外对数学素养的代表性观点

在 PISA 中，把数学素养定义为：指个人能认识和理解数学在现实世界中的作用，作为一个富于推理与思考的公民，在当前与未来的个人生活中，能够做出有根据的数学判断和从事数学活动的能力。数学素养包括：数学思考与推理、数学论证、数学交流、建模、问题提出与解决、表征、符号化、工具与技术。[②]

美国国家教育与科学委员会 [The National Council on Education and the Disciplines（NCED）] 的负责人 Steen（2001）认为，有数学素养的公民需要知道更多的公式和程式；有用数学的眼光观察世界的预感性，定量地思考普通争论中的利益和危险；在仔细评估的基础上有信心处理复杂问题。数学素养能够使人们用数学工具思考自己，有机智的回答专家提出的问题、很自信地面对权威。数学素养包括：对数学的自信、文化欣赏、解释数据、逻辑思考、决策、数

---

① COCKCROFT. Mathematics counts: A report into the Teaching of Mathematics in schools [Z]. Her Majesty's Stationery Office, 1982.

② JAN DE LANGE. Mathematical literacy for living from OECD – PISA Perspective [J]. Tsukuba Journal of educational Study in mathematics, 2006 (25).

学化、数感、实践技能、必备的知识和符号感。

在新西兰课程框架（The New Zealand Curriculum Framework）中，数学素养是指人们在个人生活、学校、工作以及团体中有效使用数学的能力，包括理解现实情境，合理使用数学，与别人交流数学以及对主张和结果进行数学的批判性评价的能力。具体的数学素养技能包括：准确的计算；熟练而有信心的估计；有能力并能可靠地使用计算器和测量工具；能够识别、理解、分析、回答用数学方法表示的信息，如曲线图、表格、图表和百分比图；组织信息支持推理和逻辑；识别和使用代数式和关系。

三、数学素养的内涵界定及其相关比较

从上文内容可知，研究者对数学素养的界定源于对数学素养已有研究的理性分析和反思，摆脱了"素养（或素质以及或者 numerate，literacy）＋数学的例子"，清楚地描述了数学素养的来源、数学素养的生成过程以及数学素养生成的标志，为数学素养生成的教学策略的构建奠定了理论基础。

1. 数学素养的内涵界定

国际学生评估项目中将数学素养定义为：理解与鉴别能力，即积极参与数学活动并对数学的地位和作用做出恰当判断的能力。数学素养既是每一个学生在当前及未来的个人生活、职业生活、社会生活中必备的素养，也是成为一个有建设性的、热心关注生活和不断反思的公民所必备的一种综合素质。

国内大部分教育家及学者认为，数学素养是指学生通过学校的数学教育及个人自身的实践活动所获得的数学基本知识技能、数学能力、数学观念和数学情感等方面的素质与修养。[①] 王子兴从素养与素质的角度，把数学素养界定为数学科学方面的素质。[②] 康世刚、

---

① 朱德江. 小学生数学素养的构成要素与培养策略 [J]. 学科教育，2004（7）：27.
② 王子兴. 论数学素养 [J]. 数学通报，2002（1）：6－9.

宋乃庆基于数学素养本质属性的认识，把数学素养界定为：数学素养指学生在已有数学经验的基础上，通过数学活动对数学的体验、感悟和反思，并在真实情境中表现出来的一种综合性特征。广义地讲，是一种综合性特征；狭义地讲，是指在真实情景中有意识地应用数学知识与技能理性地处理问题的行为特征。①

纵观相关研究发现，国内外研究者对中小学生数学素养的理解都是在活动中体现的，都与实践和运用紧密相连，旨在促进个人与社会的发展。

2. 数学素养的相关比较

（1）数学素养内涵与义务教育阶段数学课程目标。

《义务教育数学课程标准（2011年版）》在"总目标"中指出，"通过义务教育阶段的数学学习，学生能获得适应社会生活和进一步发展所必需的数学的基础知识、基本技能、基本思想、基本活动经验；体会数学知识之间、数学与其他学科之间、数学与生活之间的联系，运用数学的思维方式进行思考，增强发现和提出问题的能力、分析和解决问题的能力；了解数学的价值，提高学习数学的兴趣，增强学好数学的信心，养成良好的学习习惯，具有初步的创新意识和科学态度"②。

从数学素养的内涵界定中可以看出，数学素养的内涵体现了数学课程目标的要求，更为注重学生适应社会生活必须具备的学科素养，更为强调数学在现实生活中的应用及其表现出来的特征；而且数学素养强调的数学经验、数学活动以及行为动词（体验、感悟、反思和表现）也是数学课程标准极为强调的内容，并注重学生的已有的数学经验。

---

① 康世刚，宋乃庆. 论数学素养的内涵及特征［J］. 数学通报，2015，54（3）：8－11，43.

② 中华人民共和国教育部制定. 义务教育数学课程标准（2011年版）［S］. 北京：北京师范大学出版社，2012：8.

（2）数学素养内涵与国际数学教育中数学素养概念的界定（PISA）。

在国际数学教育测试中，从测试的角度看，PISA 对数学素养的界定越来越得到世界各国的关注。PISA 对数学素养界定，更为注重数学素养的表现，有助于对数学素养的测试。

而国内学者对数学素养的界定，不仅注重数学素养的生成过程，也注重数学素养的外显，强调在真实情境中的表现，弥补了PISA 对数学素养仅仅从测试的角度界定的不足。

第二节　数学素养视角下的教学再设计

我们在进行数学教学设计时，一方面应该注意学科特点，数学重要的学科特点是抽象性、严谨性，而基础性、普及性和发展性则是义务教育阶段的数学具有的独特的鲜明特点；另一方面在遵循数学的教学和学习的基本规律和基本理论的同时，更加应该遵循课程标准。在此基础上，以"数学素养"作为培养目标的教学再设计，采用合适的方法来整合课程教学的资源，制订能够有效发展学生"数学素养"的活动方案，并在后期对再设计的方案进行反思性的修改和完善，必能很好地保障教师实现教学效果。

因此，以"数学素养"为目标的小学数学教学再设计，不只是一个单纯的上课流程蓝本，而且是在学生、教材、学科等多种因素影响下而形成的课堂教学活动预设方案，包括有设计原则、实施步骤、筛选策略等。

一、数学素养视角下教学再设计的原则

数学素养是指"学生在已有数学经验的基础上，通过数学活动对数学的体验、感悟和反思，并在真实情境中表现出来的一种综合

性特征"①。其内涵体现了数学课程目标的要求，具体表现为以"数学素养"为落脚点的数学教学，首要前提就是要准确把握学生在"四基"学习时的学习心理，换言之就是进行教学设计的时候应该深入充分地去抓住学生的数学现实，把握学生已有的"双基"，还要去把握住已经感悟的基本思想，同时也要抓住学生已经积累的基本活动经验，理清学生的数学认知，并以此为基础来设置符合学生已有认知的情境，在这样的情境中学生的数学学习就能自主地去进行，从而发展他们的"四基"。

1. 整体性原则

学生数学素养的发展必须依靠"四基"整体发展，在教学设计时要把握好作为整体性原则的"四基"，其中"双基"（基础知识＋基本技能）承担数学教学的主要载体的角色，数学教学的精髓是数学思想，最后是不可或缺的教学形式——数学活动。在此整体性原则指引下，小学数学课堂应花费较多的实践来加强双基，并且将此作为载体渗透数学基本思想，同时通过数学活动这一不可或缺的教学形式来获得数学基本活动经验。

2. 过程性原则

现代课程与教学论认为教学的进程中必然存在创造性，也正是这些创造性的出现会带来许多原先无法预期的因素，这些存在恰恰赋予了教育无穷多的其他无法比拟的价值。② 因此"数学素养"视角下的小学数学教学的又一重要原则便是过程性原则。

以数学素养为目标的小学数学教学再设计，需要将"四基"的学习是一个过程这一个重要的特点考虑其中，基本活动经验作为黏合剂将基础知识、基本技能和基本思想分别构成一个的维度紧密的链接、组合在一起形成模块，让其不孤立，所以在教学设计时需要掌握好"四基"培养的度，精心设计丰富多样的数学活动，创造能

---

① 康世刚，宋乃庆. 论数学素养的内涵及特征［J］. 数学通报，2015（3）：8－11，43.

② 张华，钟启泉. 课程与教学论［M］. 上海：上海教育出版社，2000：69.

让学生经历观察、实验、猜测、推理、交流、反思的教学过程，促使学生在此过程中感悟知识的形成过程，扎实掌握好基本技能。

3. 直观性原则

合理有效地应用现代信息技术，使之与课程内容整合可以有效地改变教学方式，与此同时也能在一定程度上提高课堂教学的效益，即为可促进学生数学素养的发展的"直观性原则"。

"数学素养"视角下的小学数学教学，注重对基础知识、基本技能、基本思想和基本活动经验的培养，信息技术的融入可以提高其培养效率。一是借助多样化的教学手段，如动态 PPT、视频等技术，可以增强知识形成的直观性，加强学生对基础知识的理解和记忆；二是图、文、像、声的组合使用可以创造出更加真实的学习情境，让抽象的内容直观化、具体化。如充分展现书本静态图像不能呈现的知识形成过程、正确演示数学中的一些基本操作，这样的过程不仅可以丰富教学的方式方法，还更加有利于学生理解基础知识、基本技能的准备掌握，有助于渗透基本思想，更是积累了多样化的学习活动经验。

二、数学素养视角下教学再设计的步骤

"双基"教学是我国数学教师很熟悉很擅长的教学方式，传统的"双基"有四个特征：记忆通向理解形成直觉；运算速度保证高效思维；演绎推理坚持逻辑精确；依靠变式提升演练水准。《义务教育数学课程标准（2011 年版）》在课程总目标中将"双基"扩展为"四基"，因此"数学素养"视角下的教学再设计既要在保留传统"双基"的优点的同时，还需加入"四基"作为整体的特点。

1. 教学目标分析

"数学素养"视角下的教学目标分析就是指依据课程标准，结合教材明确课堂教学所需要掌握的基础知识、基本技能，需要感悟的基本数学思想和需要积累的基本活动经验，达成以"四基"为目标的教学，培养出具有更好数学素养的学生。

　　数学课程提供了一个用以支撑起学生数学素养发展的载体，它是由基础知识、基本技能、基本思想、基本活动经验共同构成。前两者主要体现为结果性的知识、客观性的事实，后两者则是在过程中主体获得的主观性体验和感悟，由此学生数学素养的发展就有了主观与客观、过程与结果的合理基础。所以，教师在分析教学目标时，首先应该仔细研读课标，分析出本课学生需要掌握的基础知识、基本技能；然后结合课标仔细研读教材，通过研究教材中教学内容的呈现方式，结合双基挖掘出本课能够传达的数学基本思想以及可积累的基本活动经验，进而帮助学生掌握本节课的"四基"。

　　2. 学生学情分析

　　"数学素养"视角下的学生学情分析，首要的就是明确学生现有的"四基"基础，如：已有的知识基础、已有的基本技能、接触过的数学基本思想和已经积累的基本活动经验。要掌握这些内容，教师可以采用前测、访谈、课堂观察、作业分析等方式来了解，进而确定学生本节课可达的"最近发展区"。

　　此外，教师还应需要了解不同学段学生的心理特点和认知规律。小学主要分为三个学段：①一、二年级称为低段，学生的课堂注意力时间比较短，通常只有八分钟到十分钟，学习主要是机械记忆；思维方面也多是根据事物直观的形象进行大致的概括。②中段为三、四年级，学生由于已经经历过两年的学习，思维与身体都得到发展，同时他们的独立意识与自我意识也得到增强，学习行为和习惯也逐渐形成。③小学高段则是五、六年级，学生在注意力方面有意注意逐步上升并成为主导，记忆与理解能力越来越强；而思维方面也从具体思维为主转向以抽象逻辑思维为主，同时在情感和意志力方面也有极大的发展。由此可见，不同学段的学生学习思维存在很大差异，自然"四基"的发展方式也存在较大差异。

　　3. 教学内容组织

　　"数学素养"视角下的教学内容的组织，就是对教材进行"四基"的加工和提炼，使之成为教学活动中开展发展"四基"的师生双边活动的程序材料。

课堂教学材料大致包含以下几种：①复习、检查摸清学生"四基"基础的材料。②引入新课题、发展"四基"的情境材料，这些材料应该蕴含本节课相关的数学基本思想；选取材料时尽量增加活动材料，这样既能激发学生学习兴趣，吸引课堂注意力，还能够积累基本数学活动经验。③配备的例题和课堂练习材料、课外作业的材料，它们可以作为巩固"四基"的材料。

在组织和选择这些材料时，教师应该充分考虑本节课的重难点内容，并应该遵循学生的学习心理以及学科特性。准备好教学内容材料，就能按照课堂教学流程进行下一步有计划、有步骤的整理和规划。

4. 教学策略选择

"数学素养"视角下的教学策略，应该是结合数学学科特点、遵循数学教学与学习的基本理论和规律，以培养学生的"数学素养"为目标，结合具体的教学内容和学生的实际情况，按照课程标准的要求，运用"四基"的系统观点和方法整合课程资源、制定教学活动的基本方案。

展开而言，首先要确定课型，然后根据课型来筛选教学方法和手段。其次依据教学目标、教学内容和教学对象，灵活地选择恰当的教学方法、融入多媒体的教学手段。在发展学生数学素养的课堂中，教师可以综合运用多样的教学方法，在帮助学生积累传统"双基"的同时，注重新增的基本思想和基本活动经验的渗透和积累，在教学过程中及时帮助引导学生感悟、体会，带领学生一起总结，将思想方法渗透至课堂的各个环节；同时还应该帮助学生经历各种形式的数学课堂基本活动，让学生在积累基础知识和基本技能的同时积累直接的活动经验、感悟其中的数学思想，提高课堂教学有效性。

综上所述，在进行"数学素养"视角下的小学数学教学设计时，应该依据课程标准，充分"吃透"教材，抓住其中所蕴含的"四基"，依据学生的心理特点和认知规律结合其已有的"四基"基础，挖掘课堂所需要达到的融合了"四基"的教学目标，选择适合的教学方式进行教学，促进学生数学素养的提升。